重庆交通运输业与旅游业融合发展研究

CHONGQING JIAOTONG YUNSHUYE YU LÜYOUYE RONGHE FAZHAN YANJIU

王宁 范春 王超 著

图书在版编目(CIP)数据

重庆交通运输业与旅游业融合发展研究／王宁，范春，王超著. --重庆:重庆大学出版社，2021.10
ISBN 978-7-5689-2981-3

Ⅰ. ①重… Ⅱ. ①王… ②范… ③王… Ⅲ. ①交通运输发展—研究—重庆②地方旅游业—旅游业发展—研究—重庆 Ⅳ. ①F512.771.9②F592.771.9

中国版本图书馆 CIP 数据核字(2021)第 189374 号

重庆交通运输业与旅游业融合发展研究

王 宁 范 春 王 超 著

策划编辑:顾丽萍

责任编辑:张红梅 李 琼 版式设计:顾丽萍

责任校对:关德强 责任印制:张 策

*

重庆大学出版社出版发行

出版人:饶帮华

社址:重庆市沙坪坝区大学城西路 21 号

邮编:401331

电话:(023) 88617190 88617185(中小学)

传真:(023) 88617186 88617166

网址:http://www.cqup.com.cn

邮箱:fxk@cqup.com.cn (营销中心)

全国新华书店经销

重庆升光电力印务有限公司印刷

*

开本:720mm×1020mm 1/16 印张:12.75 字数:183 千

2021 年 10 月第 1 版 2021 年 10 月第 1 次印刷

ISBN 978-7-5689-2981-3 定价:65.00 元

前　言

交通运输业与旅游业的合作发展由来已久,因此随着交通运输业的飞速发展,现代旅游业在旅游的规模、广度、深度上进行着深刻变革。铁路交通的出现带来了大规模游客的流动;航空交通的快速发展使旅游的全球化广度成为可能;高速公路的兴建使自驾游成为这个时代家庭最爱的出游方式之一;内河及海洋邮轮使旅游变得更为悠闲和自在;高空滑翔机、水上摩托艇、深空火箭、水下深潜器等新兴交通工具的出现改变了旅游的深度,极大地提高了旅游的吸引力。然而,旅游业与交通运输业的发展并不总是相伴而行的,行业发展的特殊性总会使它们在相伴过程中出现时空上的暂时相离,从而延伸出对这两个行业发展的耦合度、协同度的分析研究。

中华人民共和国成立至今,旅游业与交通运输业都取得了可喜成绩,两个行业的协调发展随着旅游业地位的提升而发生变化,早期旅游业在国民经济中的地位较弱,是顺着交通线的延伸而开展的,旅游业发达地区通常是交通发达区域。21 世纪初,旅游业对拉动内需、提振地方经济的作用日渐增强,逐渐成为一些地区国民经济的战略支柱。交通运输业为了策应旅游业发展而进行了空间网络布局上的有意识的调整。当中国特色社会主义进入新时代,转换新动能、改变增长方式、供给侧结构性改革成为中国经济发展的主词汇。全域旅游被写进政府工作报告,成为推动旅游业快速健康发展的国家战略。为此,2014 年,国务院发布《关于促进旅游业改革发展的若干意见》(国发〔2014〕31 号),明确提出进一步扩大交通运输有效供给,优化旅游业发展的基础条件,加快形成交通运输业与旅游业融合发展的新格局。为落实党和国家文件精神,2017 年,交通运输部等六部门联合印发《关于促进交通运输与旅游融合发展的若干意见》,提出到 2020 年,我国基本建成结构合理、功能完善、特色突出、服务优良的旅游交通运输体系。建立健全交通运输与旅游融合发展的运行机制，基本形成“快进”“慢游”旅游交通基础设施网络，旅游交通产品供给能力明显增强，旅游交通服务功能明显改善，服务质量有效提升。至此，融合发展开始成为两个行业发展的新命题，“顺应——回应——融合”正是中华人民共和国成立后，我国交通运输业与旅游业相互发展的基本逻辑。交通运输与旅游融合发展的融合背景、融合基础、融合切入点、融合模式和融合实证研究都需要学界、业界和政界进行协作探索。

重庆市是我国最年轻的直辖市，旅游资源类型丰富、数量众多、特色较鲜明。直辖以来，重庆市的旅游业和交通运输业发展都取得了较好成绩，为交通与旅游融合发展奠定了坚实的基础。2018 年 5 月，重庆市旅游发展大会发布了《加快推进交旅融合发展实施方案》。自此，交通运输与旅游融合发展被列入重庆地方政府的议事日程。与此同时，重庆最大的交通运输企业——重庆交通运输控股集团有限公司也积极主动探索“运”“游”融合发展的新路径。交通运输与旅游融合实践成绩可喜，但也暴露出了缺乏整合力、旅游产品缺乏创新性、资源闲置较为严重、集散网络平台内容单一且重复建设等问题，这为本课题提供了研究素材。

伴随着“山水之城、美丽之地”的大力推广、旅游供给侧结构性改革的深入推进以及旅游新业态的不断涌现，建设国际知名旅游目的地的发展目标一定会在重庆大地上得以实现。同时，重庆交通运输业面临网约车、私家车的强大冲击，大量交通场站、车辆和线路资源闲置浪费，转型发展变为当务之急，融入旅游业成为其不二选择。鉴于此，深入研究重庆交通与旅游融合发展具有较强的实践意义和现实意义。

本书在实地调研的基础上，收集第一手资料，充分占有国内外交通与旅游融合发展的最新研究文献，以协同理论、系统耦合理论和点-轴系统理论为指导，从时间、空间角度深入剖析重庆交通运输与旅游融合的特征、存在的问题，并结合重庆交通运输业发展的现实状况，交通运输部等六部门和重庆市委、市政府关于交通与旅游融合发展若干文件精神，探索出具有重庆特色的交通运输与旅游融合发展的模式及实施路径，以期为区域交通运输与旅游融合发展提供可资借鉴的范例。

本书在写作过程中得到了重庆交通运输控股（集团）有限公司和重庆市交通运输协会的大力支持，他们为本书的调研和资料收集提供了方便和帮助，在此一并致谢。由于作者水平有限，书中难免有疏漏之处，恳请各位读者朋友见谅，并欢迎各位大力斧正。

著 者

2020年6月

目　录

第一章　绪论

第一节　交通运输与旅游融合发展背景 ………………………………… 002

第二节　研究概述 ……………………………………………………… 010

第三节　理论基础 ……………………………………………………… 014

第四节　文献研究 ……………………………………………………… 017

第二章　交通运输与旅游融合发展相关概念

第一节　全域旅游与旅游业 …………………………………………… 030

第二节　交通与旅游交通 ……………………………………………… 035

第三节　交通运输与旅游融合发展 …………………………………… 042

第三章　重庆旅游业与交通运输业发展分析

第一节　重庆旅游业发展 ……………………………………………… 048

第二节　重庆交通运输业发展 ………………………………………… 056

第三节　重庆旅游业与交通运输业发展水平 ………………………… 067

第四章　重庆交通运输与旅游融合发展水平测度

第一节　交通运输与旅游融合发展测度模型与方法 ………………… 082

第二节　交通运输与旅游融合发展水平测度分析 …………………… 085

第五章　重庆交通运输与旅游融合发展战略

第一节　交通运输与旅游融合发展体系构建 ………………………… 101

第二节　旅游交通运输基础设施系统 ………………………………… 105

第三节　旅游交通客运服务系统 ……………………………………… 133

第四节　交通旅游创新产品体系 …… 145
第五节　智慧旅游交通平台系统 …… 163
第六节　交通运输与旅游融合创新商业模式 …… 166
第七节　交通运输与旅游融合营销系统 …… 172
第六章　重庆交通运输与旅游融合发展保障
第一节　交通运输与旅游融合发展推进 …… 180
第二节　交通运输与旅游融合发展保障体系 …… 187
参考文献 …… 192

第一章

1 绪论

第一节　交通运输与旅游融合发展背景

一、中国旅游业发展新趋势

文化和旅游部的公开统计数据显示，2018 年，我国国内旅游人数达到 55.39 亿人次，比上年同期增长 10.8%；入出境旅游总人数 2.91 万人次，同比增长 7.8%；全年实现旅游总收入 5.97 万亿元，同比增长 10.5%。初步计算，全年全国旅游业对 GDP 的综合贡献为 9.94 万亿元，占全国 GDP 总量的 11.04%。

当前，中国旅游业发展进入了一个全新时代，在中国旅游业发展新时期，旅游的时空变化特征明显，中国旅游进入全域旅游、全民旅游、全球旅游的“三全”时代。旅游逐渐成为老百姓常态化的生活方式，国民旅游普遍化、多元化发展，使旅游市场向大众化转型。旅游者的旅游需求趋向多元化、个性化、品质化，旅游者对整个生活环境要求越来越高，更加注重享受生态、品味生活、体验文化的精神享受。因此，旅游度假休闲成为刚性需求，旅游度假休闲将成为发展主趋势。旅游者的这种自主、自助、自由的消费模式扩大了散客化趋势。然而由于旅游产品供给结构单一，观光产品供应过剩，休闲度假、养生养老等产品供应不足，旅游业迫切需要推进和深化供给侧结构性改革。

未来中国旅游的发展，为满足新时代旅游者的多元化、个性化、品质化旅游需求，旅游产品供给将从资源依赖型转向情怀体验型，从观光型转向休闲度假型；自驾旅游、游轮旅游、康养休闲度假旅游、研学旅游、移动旅游、体育旅游等旅游新产品将成为热点。旅游开发将更加倾向于深度化、体验化、品质化，旅游发展将从景点旅游转向目的地旅游。

传统旅游模式已经不能满足旅游行业的发展需求，国内很多地方开始探索新型旅游模式。全域旅游、智慧旅游、在线旅游、文化旅游、交通旅游等旅游新模式、新兴业态将逐渐兴起。由于旅游业是一个综合性产业，旅游业的综合性特征决定了旅游业只有依靠多个产业，才能为旅游者提供满足其需求的旅游产品和服务，融合性是旅游业的本质属性。因此，旅游业必须从单纯的旅游业内部要素发展转为以“旅游+”跨界融合发展。旅游业需要不断地与各种行业，如文化、教育、医疗、养老、体育、农业、工业、商贸、金融、信息、交通等行业相结合并不断渗透融合，衍生形成新产品、新业态和新模式，催生大旅游产业链的逐步形成和发展，使旅游业成为中国经济持续发展的新增长点。“旅游+”的跨界融合必将成为旅游业发展新的热点和必然趋势。

二、国家经济社会发展新战略

国家经济社会发展新战略包括以下 5 个方面。

1.“一带一路”国家倡议

“一带一路”(The Belt and Road)是“丝绸之路经济带”和“21 世纪海上丝绸之路”的简称。2013 年 9 月和 10 月，习近平总书记在出访中亚和东南亚国家期间，先后提出共建“新丝绸之路经济带”和“21 世纪海上丝绸之路”的重大倡议。2014 年 8 月，习近平总书记出访蒙古国时，表示欢迎周边国家“搭便车”。2015 年 3 月 28 日，国家发展和改革委员会(以下简称“国家发展和改革委”)、外交部和商务部联合发布了《推动共建丝绸之路经济带和 21 世纪海上丝绸之路的愿景与行动》,“一带一路”进入了全面推进阶段。

“一带一路”倡议旨在秉承共商、共享、共建原则，借用古代丝绸之路的历史符号，充分依靠中国与有关国家既有的双多边机制，借助既有的、行之有效的区域合作平台，积极发展与沿线涉及包括东南亚、中亚、中东欧等地区的 140 个国家和 32 个国际组织的经济合作关系，包括道路联通、贸易畅通、货币流通、政策沟通、人心相通等“五通”，共同打造政治互信、经济融合、文化包容的利益共同体、命运共同体和责任共同体，合作共建世界上跨度最长的经济大走廊，也是世界上最具发展潜力的经济合作带，形成和平与发展新常态。

“一带一路”建设国内涉及包括新疆、陕西、甘肃、宁夏、青海、内蒙古等西北的6省(自治区),黑龙江、吉林、辽宁等东北3省,广西、云南、西藏等西南3省(自治区),上海、福建、广东、浙江、海南等沿海5省(直辖市),以及内陆地区的重庆等共计18个省、自治区、直辖市。

2.“长江经济带”战略

长江流域是我国农业、工业、商业、文化教育和科学技术等方面最发达的地区之一。长江经济带是指长江沿江附近的经济圈,东起上海,西至云南,涉及沿江9省市(青海、西藏除外)的43个地级市。该经济带是长江流域最发达的地区,也是全国高密度的经济走廊之一。

2014年9月,国务院印发《国务院关于依托黄金水道推动长江经济带发展的指导意见》(以下简称《意见》),部署将长江经济带建设成为具有全球影响力的内河经济带、东中西互动合作的协调发展带、沿海沿江沿边全面推进的对内对外开放带和生态文明建设的先行示范带。《意见》提出了提升长江黄金水道功能、建设综合立体交通走廊、创新驱动促进产业转型升级、全面推进新型城镇化、培育全方位对外开放新优势、建设绿色生态廊道、创新区域协调发展体制机制等七项重点任务。

2016年9月,《长江经济带发展规划纲要》正式印发,提出长江经济带“一轴、两翼、三极、多点”的发展新格局。“一轴”是指以长江黄金水道为依托,发挥上海、武汉、重庆的核心作用,构建沿江绿色发展轴;“两翼”是指发挥长江主轴线的辐射带动作用,向南北两侧腹地延伸拓展,提升南北两翼支撑力;“三极”是指长江三角洲、长江中游和成渝三个城市群,充分发挥中心城市的辐射带动作用,打造长江经济带的三大增长极;“多点”是指发挥三大城市群以外地级城市的支撑作用,以资源环境承载力为基础,不断完善城市功能,发展优势产业,建设特色城市,加强与中心城市的经济联系与互动,带动地区经济发展。

3."全域旅游"战略

自改革开放以来,中国旅游业经历了40余年的发展历程,走过了"景点旅游发展模式"的初级阶段,如今进入了转型升级发展阶段。随着旅游消费的不断升级,传统的发展模式已不能满足现代大旅游发展的需要。人民日益增长的美好生活需要和旅游业综合管理滞后、产品有效供给不足之间的矛盾,要求旅游业创新发展理念,深入推进旅游综合改革,全面优化旅游发展环境,促进旅游业从单一景点景区建设向综合目的地服务转变。

2015年8月,全国旅游工作研讨会首次提出发展全域旅游。

2016年2月,国家旅游局(现称"文化和旅游部")公布262个市县为首批国家全域旅游示范区创建单位,正式启动推进全域旅游。

2017年,国务院政府工作报告和中央经济工作会议均强调,要大力发展全域旅游。发展全域旅游既为旅游业转型升级挖掘了潜力,也为其他产业发展提供了动能,为整个经济结构调整注入了活力。

2018年3月,国务院办公厅印发的《关于促进全域旅游发展的指导意见》(以下简称《指导意见》)强调,要加快旅游供给侧结构性改革,着力推动旅游业从门票经济向产业经济转变,从粗放低效方式向精细高效方式转变,从封闭的旅游自循环向开放的"旅游+"转变,从企业单打独享向社会共建共享转变,从景区内部管理向全面依法治理转变,从部门行为向政府统筹推进转变,从单一景点景区建设向综合目的地服务转变。《指导意见》还提出要创新产品供给,以"旅游+"推动旅游与其他行业、产业的融合发展,也就是要各行业积极融入其中,以旅游业和其他多产业的融合发展(即"旅游+")来促进旅游业的优质转变;要加强基础设施配套,提升公共服务,完善综合交通运输体系,改善公路通达条件,推进旅游休闲设施建设,构建畅达便捷交通网络,积极完善集散咨询服务体系,规范完善旅游引导标识系统。

《指导意见》的发布,标志着全域旅游正式上升为国家战略,推动旅游体制机制创新、旅游产业融合发展、旅游公共服务优化、发展成果共建共享,有利于提升区域旅游业的整体实力和综合竞争力。至此全国各省、自治区、直辖市均开始大力推进全域旅游示范区的建设。

4. 交通运输与旅游融合发展战略

2017 年 3 月，交通运输部、国家旅游局、国家铁路局、中国民用航空局、中国铁路总公司、国家开发银行联合发布《关于促进交通运输与旅游融合发展的若干意见》，提出了“交通与旅游融合发展”战略，即进一步扩大交通运输有效供给，优化旅游业发展的基础条件，加快形成交通运输与旅游融合发展的新格局。交通运输与旅游融合（简称“交旅融合”）也是国家全域旅游战略的重要组成部分，要求必须完善旅游交通网络设施，打造旅游交通体系，整合交通运输与旅游资源，创新交通旅游产品。由此可见，在推进全域旅游的大趋势下，交旅融合发展必将引起广泛关注。

2019 年 9 月，中共中央、国务院印发的《交通强国建设纲要》提出“进一步解放思想、开拓进取，推动交通发展由追求速度规模向更加注重质量效益转变”的总体要求，并在“加速新业态新模式发展”中又具体提出“深化交通运输与旅游融合发展，推动旅游专列、旅游风景道、旅游航道、自驾车房车营地、游艇旅游、低空飞行旅游等发展，完善客运枢纽、高速公路服务区等交通设施旅游服务功能”。

在旅游业的发展中，交通运输早已成为旅游基础设施体系中的重要组成部分，是我国早期旅游业的三大支柱之一。旅游交通的发达程度不仅决定游客对旅游目的地的选择，还会影响旅游资源的开发时序和开发深度、广度，并且这种影响会随时间累积变成一条旅游风景道，如 318 国道川藏线旅游，甚至可以带动贫困地区旅游的快速发展。而旅游业作为国民经济的支柱产业、先导产业、第三产业中的主要行业，具有接通、延伸产业链功能的特点，其发展对交通运输业具有重要的联动促进作用。鉴于此，交通运输业与旅游业之间呈现出的这种相互关联、相互作用、互利互惠的密切关系，对深化交通运输供给侧结构性改革，提升旅游交通服务品质具有重要意义。

5.“成渝城市群”发展战略

2019 年 3 月 31 日国家发展和改革委在《2019 年新型城镇化建设重点任务》中提出，培育“成渝城市群”，形成在继“京津冀城市群”“长三角城市群”“粤港澳大湾区”之后新的(国家经济)重要增长极、“中国第四大城市群”、“中国经济增长第四极”。

“成渝城市群”也就是“成渝双城经济圈”，即以成都和重庆两个城市为中心，两个城市协同发展从而带动川渝两地及长江上游地区整个区域的发展。

“成渝双城经济圈”建设首先需要互联互通的基础设施支撑，需要打造互联互通、快速便捷的区域一体化交通。这就需要两地完善交通运输体系和产业布局，加快建设以高速铁路、城际铁路、高速公路为骨干的城际交通网络，打造核心城市间、核心城市与周边城市间、相邻城市间的交通大通道，强化成渝地区之间的水运、铁路、公路、航空等运输方式的有机衔接，有效降低物流运输成本，助力“成渝双城经济圈”建设。

“成渝双城经济圈”建设也离不开两地旅游协同推进和共同发展，通过“旅游+”形成旅游资源互补、市场共建、客源互换、标准互认，共同打造巴蜀文化旅游带、西部地区旅游中心，带动两地旅游发展，提升两地旅游影响力和旅游消费辐射能力，帮助两地贫困地区脱贫致富和乡村振兴，助力“成渝双城经济圈”建设。

三、地方经济社会发展新目标

地方经济社会发展新目标包括落实重庆发展定位及目标要求、建设重庆成为国际知名旅游目的地战略目标和重庆市交通与旅游融合发展目标三个方面。

1. 落实重庆发展定位及目标要求

2016 年 1 月，习近平总书记视察重庆和 2018 年两会期间参加重庆代表团审议时，对重庆的发展定位及发展目标提出“两点”定位及“两地”“两高”目标要求，即“重庆应成为西部大开发的重要战略支点，‘一带一路’和长江经济带的联结点；建设成为内陆开放高地和山清水秀美丽之地；推动高质量发展、创造高品质生活”。

重庆市委、市政府提出，要落实“两点”定位、实现“两地”“两高”目标，就要以“旅游+”为导向，加快旅游业与其他产业的融合发展，全力培育旅游发展新业态；要以交通畅达为基石，打通“主动脉”，畅通“最末梢”，助推“慢行游”，全力构建“快旅慢游”新支撑。全力打造重庆旅游业发展升级版，建设世界知名旅游目的地，真正实现旅游让人民生活更美好。

2. 建设重庆成为国际知名旅游目的地战略目标

2017 年 3 月，《重庆市建设国际知名旅游目的地“十三五”规划》提出，“十三五”期间把旅游产业培育成重庆综合性战略支柱产业，基本建成国家旅游中心城市、具有世界吸引力和竞争力的国际知名旅游目的地。这就更需要“旅游+”，即旅游业和其他产业，尤其是和文化产业、交通运输产业等多产业融合发展。

3. 重庆市交通与旅游融合发展目标

2018 年 3 月，重庆市旅游发展大会公布了《加快推进交通与旅游融合发展实施方案》，明确提出，突出“山城、江城、不夜城”特色，打造“山水重庆”交通旅游精品。到 2020 年，基本形成“快进慢游”旅游交通基础设施网络，基本建成结构合理、功能完善、特色突出、服务优良的旅游交通运输体系，建成区域性旅游交通综合枢纽。打造一批交通运输与旅游融合发展的交旅特色示范项目，建成 50 个以上有重庆特色的交通运输与旅游融合示范区，将重庆打造成西部交通旅游融合发展示范区。

四、交通行业转型升级发展新需求

交通行业转型升级发展新需求包括交通运输行业企业面临的新形势和供给侧结构性改革新要求。

1. 交通运输行业企业面临的新形势

交通运输行业企业面临两方面新形势。一方面，支线航空、高铁、网约车、自驾车等竞争分流，此外，随着经济的增长，私家车快速发展，使公路客运及水路航运客流量骤减、业务萎缩，大量资源如场站、班线线路资源闲置。另一方面，随着旅游业的蓬勃发展，个性化、定制化的旅游交通需求日益增多，而交通运输业的供给又不能有效地满足旅游市场的需求，与旅游业的融合进程缓慢，加上重庆市政府又要求主城区的交通客运场站向外搬迁，所以交通运输行业及行业企业必须进行转型发展思考。

2. 供给侧结构性改革新要求

旺盛的个性化客运市场需求和行业企业运力过剩结构性矛盾突出，必然要求交通运输业进行供给侧结构性改革。以供给侧结构性改革为主线，围绕游客不断增长的个性化旅游需求，完善旅游交通网络，创新旅游交通产品，提升旅游交通服务品质，增强旅游交通有效供给是交旅融合的未来发展方向。

交通运输行业应该有所作为，响应全域旅游国家战略，要更加关注、关心市场主体的发展，构建现代旅游产业体系，充分挖掘行业及行业企业的各种资源并使其得到高效转化和利用，增强市场主体的产品供给能力。

重庆交通运输行业由以重庆交通运输控股（集团）有限公司（简称“交运集团”）为龙头的超过 90 家交通运输企业组成，涉及公路运输和水路运输领域。重庆交运集团具有较好的转型基础，如数量种类众多的交通工具；经营已久的专营交通线路；广布各区县的交通场站；愉客行智慧出行平台的技术支持；成熟的交运运营体系，能为转型发展和交旅融合发展提供便利。

重庆既是国际知名旅游目的地、国家旅游中心城市、西部旅游高地，也是中国西南地区重要的交通枢纽中心，旅游业成为重庆战略性支柱产业，旅游与交通运输的协调以及融合状况直接影响着重庆的旅游接待能力及游客旅行的舒适度，更进一步可能会影响旅游业的健康可持续发展。因此，研究重庆市的交旅融合发展情况，对重庆市的旅游业与交通运输业协调健康发展具有重要意义。

第二节　研究概述

一、研究内容

本研究分三部分,共六章。

第一部分,基础研究,包括第一章和第二章。

第一章绪论。本章首先从中国旅游业发展新趋势、国家经济发展新战略、地方经济社会发展新目标、交通行业转型升级发展新需求等多个角度和层面,阐述交通运输与旅游融合发展的研究背景。对本研究的研究内容、研究方法、研究意义作了简要介绍。对本研究运用的主要理论如协同理论、系统耦合理论、点-轴系统理论等进行阐述和解读,奠定本研究的理论基础。

第二章交通运输与旅游融合发展相关概念界定。本章对本研究所涉及的全域旅游、旅游业、交通、旅游交通、产业融合、交通运输与旅游融合等相关概念进行了必要的界定,并论述了交通运输在旅游业发展中的功能作用,交旅融合在全域旅游发展中的角色作用,并分别从交通运输业演化驱动旅游业发展以及旅游业发展对交通运输业网络的反馈效应的角度进行了交旅融合发展的动力机制分析。其中交通运输业网络演化对旅游业发展的支撑作用主要表现在锁定效应和引导效应,旅游业的反馈效应主要通过旅游发展规模、旅游空间结构演化对交通运输业网络产生影响。

第二部分,现状研究,包括第三章、第四章。

第三章重庆旅游业与交通运输业发展分析。本章主要分析重庆市旅游业与交通运输业的发展现状。要想研究重庆市交旅融合发展,就需要充分了解其发展现状,而要做到这一点就必须充分了解和厘清旅游业与交通运输业两大产业的发展现状。首先,根据相关原则以及重庆市的实际境况,构建了重庆市两大产业发展的指标体系,并对数据进行标准化处理后利用熵值法进行赋值,最终得到指标体系中各项指标的权重;其次,对重庆市的旅游业从经济、市场两个方面进行阐述与分析,对重庆市交通运输业从交通基础设施、运输服务能力两个方面进行现状描述与相关分析,对2006—2017年重庆市旅游业与交通运输业的发展水平、2006年以及2017年重庆市38个区县的旅游业与交通运输业发展水平进行了测度,并进行相关分析。

第四章重庆交通运输与旅游融合发展水平测度。本章通过构建重庆市旅游业与交通运输业融合指标体系,分析其发展水平;利用耦合模型、耦合协调度模型以及探索性空间数据分析方法,对2006—2017年重庆市旅游业与交通运输业的耦合协调度进行了实证分析,并对重庆市以及重庆市38个区县的两大产业的耦合协调水平以及耦合等级进行了细致分析,还对38个区县的耦合协调度进行了全局的和局部的空间自相关分析,探寻空间上的差异。

第三部分发展战略研究,包括第五章、第六章。

第五章重庆交通运输与旅游融合发展战略。本章根据第二部分的研究结论,研究重庆市交旅融合发展战略,包括交旅融合发展思路与目标、发展模式、发展体系阐述,并以系统理论为指导,从旅游交通基础设施系统、旅游交通客运服务系统、交通旅游创新产品体系、智慧旅游交通系统、交通与旅游融合创新商业模式、交通与旅游融合营销系统等六个方面,对重庆交旅融合发展实施路径进行详尽论述,提出交旅融合发展的针对性对策建议。

第六章重庆交通运输与旅游融合发展的保障。本章从交旅融合发展的建设推进提出相应的方案计划,并从组织机构、政策支持、基础设施、资金筹措、人才支撑等几个方面,提出交旅融合发展的保障措施。

二、研究方法

现有的针对旅游业与其他产业的融合发展研究主要侧重于旅游业与文化

产业和农业，有关旅游业与交通运输业融合发展的研究几乎为空白。本研究以重庆市为研究对象，突破性地结合全域旅游及产业经济学中的相关理论并运用到旅游研究上，增加产业耦合协调研究，从全域旅游视角，以协同理论、系统耦合理论为中心，对旅游业与交通运输业融合发展的机制进行分析，并通过研究重庆市层面以及38个区县层面的不同年份的数据，对重庆市及各区县交旅融合发展的情况进行测量分析，不仅使测度结果更为精确，还能分析区县层面的结果，探寻空间上的差异；不仅可丰富旅游产业融合发展的理论研究，还可以为重庆市旅游业与交通运输业的融合发展提供新的经验证据。

本研究以理论分析—机制分析—实证研究—发展战略建议的思路展开研究，具体研究方法如下：

1. 文献研究法

利用中国知网、维普网、中国学术期刊网等数据库和网站对国内外旅游业与交通运输业融合发展研究的相关文献资料进行了大量搜集，在整理前人研究成果的基础上，梳理分析了本研究课题的研究趋势，掌握了最新研究动态，为本课题的研究打下坚实的理论基础。

2. 实地调研法

课题组成员从2018年12月至2019年1月，先后对重庆市主城区、渝东北地区、渝东南地区以及渝西片区共31个区县的交通运输企业、有关政府部门进行了走访，通过座谈、交流访谈，并现场考察了车站、港口、码头、游客集散中心、景区游客中心等120余个站点，对重庆交通运输业、旅游业发展现状，以及交旅融合发展中存在的问题进行现场考察和实地调研，收集了大量的第一手资料，为本课题的研究打下了坚实的基础。

3. 描述性分析法

笔者利用重庆市统计局、重庆市文化和旅游发展委员会、重庆市交通局公布的官方统计数据，结合第一手资料，对重庆市旅游业与交通运输业的融合发展现状进行描述分析，其中包括对重庆市旅游业、交通运输业发展现状及发展水平的分析。

4. 数理统计法

对获取的相关数据，利用熵值法、Matlab 软件等进行处理，再运用耦合度模型、耦合协调度模型等相关公式，定量地对重庆市及各区县旅游业和交通运输业的融合发展情况进行测度分析。

5. GIS 空间分析法

基于 ArcGIS 和 GeoDa 软件拥有的空间自相关分析（Moran I）、聚类与异常值分析（Anselin Local Moran I）功能，在利用数理统计法对原始数据进行处理得到另外数据结果的基础上，借助前述两种软件对重庆市旅游业与交通运输业的融合发展度进行全局自相关和局部自相关分析，进一步从空间维度反映出重庆市各区县旅游业和交通运输业的融合发展水平的差异和关联情况。

三、研究意义

本研究在全域旅游和产业转型的背景下，对重庆市旅游业与交通运输业的融合发展问题进行研究，为相关研究视角提供了新思路；通过对旅游业与交通运输业的融合发展机制进行分析，在一定程度上丰富了机制、机理相关的研究；运用自相关和耦合协调等模型，测算重庆市交通运输业与旅游业的融合度、融合协调度、Moran 指数等，研究旅游业与交通运输业融合现状，为以后关于两大产业融合发展的实证研究提供了重要支持，同时将有效弥补旅游业与交通运输业融合发展典型案例研究不足的问题。

本研究紧跟国家全域旅游发展的规划战略，对重庆市旅游业与交通运输业融合发展状况进行研究，分析旅游业和交通运输业的互动作用，充分发掘旅游业与交通运输业对国民经济的带动作用，激发两大产业协调发展，为国民经济带来新增长点的活力，推进重庆市旅游业与交通运输业、旅游业与其他相关产业融合发展，从而形成相关产业链，实现全域旅游，促进旅游业整体质量与规模的提升。

本研究试图推动重庆市旅游业和交通运输业产业结构优化转变。在消费者消费需求不断提升、偏好多样化、旅游业和交通运输业急需升级转型的背景下,对两大产业的融合发展进行研究,对重庆市在旅游业与交通运输业的整体规划布局、衔接区域宏观规划、相关企业在调整发展方向方面,提供了科学依据和理论支撑。同时能为全国其他地区的旅游业与交通运输业融合发展提供经验借鉴。

第三节　理论基础

本研究主要运用协同理论、系统耦合理论、点-轴系统理论等作为研究的理论基础。主要运用这些理论,以重庆市为研究对象,通过耦合度模型、耦合协调度模型构建对重庆市交通运输业和旅游业两大产业的发展水平,以及两大产业间融合发展水平进行测度分析,找出交通运输业和旅游业两大产业发展以及两大产业间融合发展的问题,提出交通运输业和旅游业两大产业间融合发展战略。

一、协同理论

协同理论,也被称为协同学,是 20 世纪 70 年代以来在多学科研究基础上逐渐形成和发展起来的一门新兴学科,是系统科学的重要分支理论。协同理论由德国斯图加特大学著名物理学家哈肯(Hermann Haken)教授创立。1971 年哈肯教授提出了协同的概念,1976 年他发表了《协同学导论》,系统地论述了协同理论。

协同理论主要研究远离平衡态的开放系统在与外界有物质或能量交换的情况下,如何通过自己内部协同作用,自发地出现时间、空间和功能上的有序结构。协同理论认为,千差万别的系统,尽管其属性不同,但在整个环境中,各个系统间存在着相互影响、相互合作的关系。其中也包括通常的社会现象，如不同单位间的相互配合与协作，部门间关系的协调，企业间相互竞争的作用，以及系统中的相互干扰和制约等。

协同理论指出，在整个环境中，尽管各个系统在属性上非同，但它们之间仍具有相互影响、相互作用等关系，即协同作用。这种协同作用能使系统在临界点发生质变产生协同效应，使系统从无序变为有序，从混浊中产生某种稳定结构。

产业间的协同发展，要求各个产业在发展过程中产生促进、影响、耦合的互动关系，通过这种互动关系促使产业间实现资源优势互补、耦合互动，进一步发挥出“1+1>2”的协同效应。对于旅游业与交通运输业的协同发展而言，旅游业与交通运输业相互促进、相互影响，协调发展，最终会产生“1+1>2”的效果，对国家或区域的社会经济发展有着极其重要的意义。

二、系统耦合理论

耦合本是物理学概念，是指多个系统或多种运动方式之间，通过彼此之间的各种相互作用而彼此影响以至协同一致的现象。

耦合本身是一种互动与变化，是指两个或两个以上的系统或运动形式之间，通过相互作用而彼此影响，通过子系统而发挥相应的作用，进而相互促进、相互协调、相互依赖，以至联合起来的一种现象。

系统耦合是指两个具有相近相通，又相差相异的系统，不仅有静态的相似性，也有动态的互动性，两者就具有耦合关系。人们应该采取措施对具有耦合关系的系统进行引导、强化，促进两者良性的、正向的相互作用、相互影响，挖掘两者内在潜能，从而实现两者优势互补和共同提升。

近年来，基于耦合概念的应用和延伸，逐渐形成“产业耦合”的概念，产业耦合是指两个或两个以上的产业在经由产品研发、生产要素、技术创新、市场资源等因素的耦合形成了一个相互融合、相互影响的系统。在经济学领域中，“产业耦合”已经被应用到较多的实证研究中，形成日渐成熟的理论体系。通过打破产业间的界限、融合产业链，实现产业之间的水平或垂直连接，资源配置得到优化，最终达到协调发展，从而促进社会经济的发展。

旅游业与交通运输业同是国民经济中的重要系统，两者之间同样存在耦合互动关系。随着交通运输业的发展，旅游目的地的交通可达性得到改善，促使旅游者和旅游产业相关资源的集聚，从而推动旅游业的发展；旅游业的发展，对交通运输业也提出了量和质的新需求，从而促进交通基础设施的建设和交通运输服务水平的提高，进而推动交通运输业的发展。因此，旅游业与交通运输业作为高相关、高互动、高影响的产业，二者的协调发展对促进旅游业与交通运输业的持续健康发展具有重要意义。

三、点-轴系统理论

中国地理学家陆大道院士 1984 年首倡点-轴系统理论。点-轴系统理论中的“点”是指一定区域内各级中心城市，是人口和各种职能集中的地方，是区域内重点发展的对象；“轴”是交通、通信干线和能源、水源通道连接起来的“基础设施束”[1]。

点-轴系统理论认为在社会经济中各个客体总是处于在区域或者空间范畴的相互作用中。该理论直观地描述了在区域发展过程中，社会经济中的大部分要素在区域或空间结构上的演变过程，要素集聚形成“点”，线状的基础设施连接在一起形成“轴”，“点”与“点”通过“轴”相互串联、相互沟通，同时“轴”本身也会吸引周围的社会资源，当集聚形成一定规模时，最终形成“面”。这种由“点”到“轴”、由“轴”到“面”的发展模式，是当下区域经济活动所呈现的最高形式。区域经济的发展由于受到“点—线—面”机制的作用力，在其区域空间结构上不再只是由单一核心驱动，而是转向多节点聚集共同驱动，区域随之具有巨大的经济潜力。

近年来，在旅游产业发展以及旅游规划开发中，点-轴系统理论被广泛应用。其中“点”表示区域中的旅游节点，“轴”则表示交通线路。在旅游业发展中，由各种经济要素通常在重点旅游资源所在地聚集后形成“点”，经过各种交通线路的连接后形成“轴”。轴线随着交通发展而延伸时，部分次一级的城镇或旅游景区、景点也逐渐发展起来，就这样以点带线、以线带面，使区域旅游产业得以网络化、规模化发展，通过旅游产业带的不断形成最终达到旅游产业集群。

第 4 节 文献研究

本研究通过中国知网、维普网、中国学术期刊网等数据库和网站，以“旅游交通”“旅游业与交通业”“交通与旅游协调”“交旅融和”等为关键词，检索相关研究文献 300 余篇，选择了其中的 100 余篇进行重点研究。通过文献分析发现，国内外学者对旅游业与交通运输业的相关研究主要集中在以下方面。

一、旅游业与交通运输业发展相互关系研究

在关于旅游业与交通运输业发展之间的相互关系方面，国内外相关学者进行了丰富的研究。

1. 旅游业与交通运输业相互关系的理论研究

Kanl(1985)对旅游业与交通运输业两系统间的相互关系进行了探索，研究表明交通运输业在对推动区域旅游业的发展上具有十分重要的作用，即良好的交通运输环境对无论是已经存在的还是正在进行开发建设的旅游目的地，都存在非常积极的影响，同时良好的交通运输环境也成为成功发展区域旅游业的必备条件[2]。

邱宜动(1995)在研究我国旅游交通面临的挑战、机遇与对策中指出，交通运输业的现代化会引起旅游业的大发展，交通运输业技术的进步、规模的扩大、结构的合理等都会直接关系到旅游业的发展状况，并且联系紧密[3]。

孙有望和李云清(1999)研究了旅游业与交通运输业两者之间的关系,指出,旅游者在进行旅游活动时,必不可少的就是交通,而旅游目的地所在区域的交通情况,直接关系着旅游者对此区域的旅游印象与旅游满意度,进而对当地旅游业的发展产生影响[4]。

杨瑞霞(2004)在理论研究中指出,交通运输业为旅游者的出行与旅游经营者的开发建设提供了参考,进一步为旅游业的发展提供了必要条件,同时旅游业反过来也在较大程度上对交通运输业的发展起到了促进作用,即交通运输业是旅游业的重要组成部分,在需求上,交通运输业是旅游者完整旅游活动的先决条件;在旅游收入上,交通运输业是旅游收入和旅游创汇的重要来源;在供给上,交通运输业是发展旅游业的命脉。旅游业对交通运输业的发展有极大的促进作用,例如,地区旅游业的开展程度,决定了航空客源量与铁路客源量,从而极大地带动了航空、铁路运输的发展[5]。

岳燕祥(2011)在旅游业与交通产业互动关系的研究中进行了定性分析,提出旅游业与交通发展之间存在共生共存的关系,同时指出,旅游产业布局会对交通设施的设置、交通线路的设置产生影响;交通运输业的发展一方面会促进旅游布局突破行政区划,另一方面会对旅游集散地与旅游目的地的分异起强化作用[6]。

来逢波和任建兰(2012)在对区域交通的发展演进对旅游产业的影响的研究中表示,旅游业与交通运输业存在以下几种相互关系:耦合发展的互动关系,区域旅游禀赋高,势必会吸引大量旅游者前来旅游,从而促进交通网络的建设与完善,区域交通网络发达,通达性强,对旅游业的发展有较大的拉动;协调发展的融合关系,旅游业与交通运输业是联动发展而非相互孤立的,是要素深层次融合而非简单叠加的,且随着两大产业发展水平的不断提高,产业间的融合程度将不断加深,产业间的协调作用方式将不断创新,产业间的融合领域将不断扩大;产业链条的衔接关系,旅游业与交通运输业之间的衔接方式与便利程度将在很大程度上决定旅游业的发展;辐射影响的依托关系,旅游业与交通运输业在技术进步与产品升级等方面都存在相互依托、相互支撑的关系[7]。

2. 旅游业与交通运输业相互关系的定量研究

Susanne Becken(2003)对践行旅游活动时旅游者在各个环节的能源消耗情况进行了研究,研究指出,旅游者在进行旅游活动时各个环节的能量消耗中数值最大、占比最多的环节就是交通环节。减少旅游活动中交通环节所消耗的能量、提高交通环节中的能源利用率,可以有效地缩减整个旅游活动中所需的能源消耗,大大提高旅游者的效率,同时可以促进旅游业健康、持续发展[8]。

Palhares(2003)利用新西兰旅游业与交通运输业的相关数据资料,对新西兰国家两大产业之间的相互关系进行了研究,结果表明,旅游业的发展会受到交通建设的极大影响[9]。

万德梅(1997)对影响旅游者在旅游活动时满意度的因素进行了研究调查,结果表明,旅游目的地的交通的便利程度会极大影响旅游者的出行动机,同时旅游目的地的交通便利程度也是影响旅游者在整个旅游活动中满意度的最重要的因素[10]。

陈晓、李悦掙(2008)在研究中指出,城市交通与城市旅游之间同时存在着拉动与限制这两种相互影响作用,并结合相关数据,首次通过模糊数学建立评价体系,对大连市的旅游与交通系统之间的协调发展关系进行了量化研究分析。但由于城市旅游系统与城市交通系统之间存在着复杂性和交融性,因而评价范围不免有些缺乏[11]。

宋鄂平(2010)在研究中利用 Pearson 相关系数法,对全国旅游业与交通运输业发展的相关性进行了分析,结果表明高速公路和航空与旅游业的相关性明显比较高,且旅游者在出行方式上很大程度会选择更快捷的交通工具,这说明真正对旅游产生显著影响的是相对比较快捷、方便的高质量交通设施[12]。

周晓琴、明庆忠(2017)等利用 SPSS 软件,以湖北省麻城市为例,对城市交通驱动旅游发展及其关联性进行研究,实证表明了交通运输业与旅游业发展的相互促进;并采用格兰杰因果关系检验模型进行相关分析,分析表明,麻城市交通运输业对该地区旅游业发展从旅游景点开发、旅游产业要素、旅游市场吸引半径等方面确有驱动效应[13]。

李一曼、修春亮(2018)等利用空间计量模型等方法,对近21年来浙江省陆路交通对区域旅游空间结构及发展影响进行了实证分析。分析结果表明,一方面,交通的演化对景区布局有引导作用,景区会沿着交通要道进行规划布局;另一方面,交通的演化会重塑旅游地域结构,处于交通节点的城市旅游业综合发展水平会有显著提升,交通路网的建设不断增强旅游城市间的轴带关系,同时会促进旅游空间结构"条带"模式向"点—轴—面"相结合的"板块"形态演变[14]。

二、交通运输业对旅游业发展的影响研究

交通运输业的发展会影响旅游者从旅游客源地进入旅游目的地的通达程度,进而影响旅游业的发展。衡量交通网络发展状况的一个重要指标就是交通可达性。

Walter(1959)首次提出并界定了可达性的概念,可达性是指交通网络中的每一个交通节点间的相互作用、相互联系机会的大小[15]。

Dalvi、Martin(1976)以Walter界定的可达性概念为基础,对可达性的概念进一步定义,即将可达性更新定义为通过某一种具体的交通工具从一个区域到达其他任一地区时的便捷程度[16]。

1. 交通可达性与旅游业的相关性研究

胡浩、王姣娥(2012)等在对全国34个旅游城市的旅游潜力进行研究时,通过构建的可达性评价指标体系,对这些旅游城市所在区域的交通可达性(交通可达系数)进行了测度和相关分析,分析指出,中小文化旅游城市所在区域内的交通可达性(交通可达系数)与它们的旅游潜力之间存在较强的相关性[17]。

毕丽芳、马耀峰(2013)指出交通可达性与旅游经济之间既存在着相互关联又存在着相互依赖的关系,运用耦合系数模型对云南省交通可达性与旅游系统

进行了实证分析。分析表明，交通系统和旅游经济系统具有显著的互动效应，随着交通运输业的发展、区域交通可达性的提高，旅游经济将得到进一步促进[18]。

陈刚等(2012)研究了交通可达性与旅游经济联系，并在不同模型下进行了实证分析。在基于区域空间结构理论上，利用交通可达性和旅游经济联系的研究模型，对湖北省进行了空间关系研究。结果表明，交通可达性与旅游经济联系之间具有显著的对称关系且随着时间的推移这种关系逐渐增强，说明交通可达性对旅游经济的影响日益显著；结合加权平均旅行时间与引力模型，以湖北省为研究对象，进行了空间差异分析，结果显示，交通可达性与旅游经济联系的相关性十分显著，且湖北省的具体分布状况是呈现阶梯状的空间分布特征[19]。

赵金金(2016)研究了交通可达性对山东省旅游经济空间格局的影响，并结合已测得的城市交通可达性水平与旅游经济水平，对二者之间的相关性进行了更进一步的研究。研究结果表明，城市交通可达性水平与旅游经济水平之间呈现明显的非线性相关性，而且交通可达性在与其他因素共同作用下对旅游经济发展水平的提高有一定的促进作用[20]。

杨春华、吴晋峰等(2016)在对中国旅游城市交通可达性进行对比研究的过程中指出，交通可达性可以从相对客观的角度对区域旅游业发展在交通建设方面的最真实现状、存在的问题进行反映；并通过测算交通可达性指数，对航空和铁路的通达性进行分析对比、空间分布分析、线性回归分析，结果表明，交通可达性水平较高的旅游城市一般都位于旅游资源较为丰富的地区，同时旅游城市的交通可达性与旅游收入间存在明显的正相关关系[21]。

2. 交通可达性对旅游业发展的影响研究

交通对某一区域的影响首先是改善该地区的时空可达性，进而改善该地区地理和经济上的区位优势。向谦楠、陈义华(2010)利用可达性对区域经济联系模型中的距离进行改进，同时引入可达性阻抗，得到区域经济发展与可达性关系模型并对其进行研究。研究指出，某区域可达性的提高相当于改善了该地区在空间地理上的通达性,该地区更具进入性和联络性,因此可达性的提高能有效缩短运输距离、运输所需时间大幅度减少、运输所需费用大幅度降低、便捷性有效提高[22]。

王旭科(2010)通过分析交通运输业对旅游业发展的影响机制,指出交通运输环境的优化、交通发展水平的提高、交通网络的完善度均能优化旅游目的地的可达性,从而一方面对旅游者选择旅游目的地进行旅游活动产生影响,另一方面促进旅游目的地的相关资源的集聚,进而推动旅游规模化发展[23]。

陈刚(2013)在进行相关研究时指出,交通可达性将旅游客源地与旅游目的地有效地连接起来,使二者产生空间互动,形成旅游活动。而旅游资源地的交通可达性是进行旅游资源开发、旅游地建设必须考虑的因素,提高旅游目的地交通网络建设的水平,改善该地区的交通可达性,一方面提高了旅游目的地的可进入性,另一方面节省了旅游者的旅游成本,进而能吸引更多旅游者进入,进一步吸引更多旅游企业等经济要素向该区域聚集,为旅游目的地的发展创造价值,促进该区域旅游业的发展[24]。

3. 交通基础设施对旅游业发展的影响研究

Khadaroo、Seetanah(2008)利用引力模型进行研究分析,实证结果显示,交通基础设施显著影响旅游者进入旅游目的地,进而影响旅游业的发展[25]。

欧国立指出,城市轨道交通基础设施对城市中心以及周边地区旅游的协同发展有明显的促进作用。Smallwood 等(2012)对交通基础设施、旅游者行为等元素的相关性进行了分析,研究表明,交通基础设施布局能较大程度地影响旅游集散效率方面的提高[26]。

李文正(2012)分别从铁路建设、公路建设、民航路线建设、内河航道建设等四个方面对旅游业的促进作用进行了分析,同时对陕南交通建设与旅游业发展进行了相关性分析和回归分析。分析表明,陕南交通建设与区域旅游业的发展之间存在紧密联系,但区域内各种交通方式之间存在的竞争关系,导致每种交通的建设与旅游业发展的相关性差异较大[27]。

卞显红(2012)对旅游业与交通基础设施之间的关系进行了研究,以城市轨道交通基础设施建设为出发点进行分析。分析指出,城市轨道交通基础设施的建设对城市旅游交通轴线的形成和旅游用地一体化存在一定程度上的促进作用,从而推动旅游业的发展[28]。

李如友、黄常州(2015)在交通基础建设对区域旅游业发展的研究中,利用门槛回归模型对中国数年的省际面板数据进行分析。分析结果显示,不同的交通基础设施水平对区域旅游业发展存在着不同的作用,即当交通基础设施水平较低时,交通基础设施对区域旅游业发展具促进作用;当交通基础设施水平居中时,交通基础设施对区域旅游业发展无显著作用;当交通基础设施水平较高时,交通基础设施对区域旅游业发展具有抑制作用[29]。

张广海、赵金金(2015)在多因素协同区域经济发展的基础上,从全域和局域的角度对等级公路、高铁、内河航道、民航航线等要素进行空间计量分析,探寻多种因素对区域旅游经济发展的影响。其结果显示,在全域空间分析中,除了铁路,其余因素均对区域旅游经济发展有积极影响;在局域空间分析中,不同区域的旅游经济对五种交通基础设施的反应不同,但总体来说,这些交通基础设施对区域旅游发展有不同程度的促进作用[30]。

侯志强(2018)利用中国 30 个剩余面板数据进行空间计量分析,探寻公路和铁路因素的交通基础设施对区域经济增长的影响。结果表明,各类交通基础设施对区域旅游经济增长均存在显著的直接效应和空间溢出效应,且空间溢出效应为直接效应的 3 倍[31]。

三、旅游交通相关研究

旅游交通是旅游业中必不可少的一部分,其定义是指旅游者实现从客源地到旅游目的地,或者在旅游目的地内部实现空间转移的载体。旅游交通是旅游活动得以实现的重要元素,其发展状况在很大程度上与区域旅游业的发展相关联,对旅游业的发展起到了制约或者促进作用。

1. 旅游交通在旅游业中的地位和作用

Margatet(1989)指出,发展中国家的交通是发展旅游业时进行合理旅游基础设施规划的关键,旅游交通的便利性和安全性是旅游经营者需要致力完善的[32]。

Turton(1996)以津巴布韦航空公司为例,分析旅游交通对旅游业发展的影响。分析指出,航空运输自由化将加剧旅游市场的竞争,从而影响旅游业的发展[33]。

Sambracos(2001)以希腊为研究地,对其旅游业的发展趋势在不同交通方式的选择下进行了回归分析,分析结果显示,航空运输对希腊旅游业有较大的促进作用[34]。

Daniel、Xavier(2016)分析了高铁对旅游经济的影响。研究指出,由于高铁自身的市场特性,对旅游收入不存在正向的促进作用反而有负向效应,因此不存在显著的正向促进旅游业发展的影响[35]。

Tsui(2017)分析了航空运输对新西兰旅游业的影响,分析指出,新西兰国内旅游需求由于受到廉价航空的正向拉动,从而对旅游经济起到了促进作用[36]。

王兆峰(2009)指出,旅游交通在旅游业发展中的功能是旅游交通对客源地与目的地空间相互作用的产生及旅客流的实现与促进等起着重要作用;旅游交通是旅游业的重要组成部分,是旅游收入与旅游创汇的重要来源;旅游交通是旅游活动中最耗时、耗钱的项目,是影响旅游者选择旅游目的地的主要因素,进而影响整个旅游产业的发展。同时,王兆峰利用相关系数法,针对我国西南地区交通运输业对区域旅游业发展的作用进行了分析,分析结果显示,两大产业之间存在着明显的相关性,交通运输业对旅游业发展具有显著影响[37]。

2. 旅游交通对区域旅游空间格局的影响

Papatheodorou(2001)指出,旅游交通的市场作用在一定程度上会对地中海旅游岛屿的地域格局产生显著影响,使地中海核心岛屿与周边地区的联系进一步加强[38]。

殷平(2012)基于旅游交通成本的视角，通过对旅游交通成本进行界定和识别构建了旅游交通成本模型，对滨海旅游目的地的空间竞争进行研究。研究结果显示，时间效用和费用效用之间存在着显著的替代效应，旅游交通时间成本对旅游目的地空间竞争力有较大影响[39]。

杨仲元、卢松(2013)运用交通优势度模型，对皖南旅游区交通优势度进行了测度，并在此基础上进行空间分析。分析结果表明，旅游交通水平的提升会对旅游目的地的空间格局产生优化影响[40]。

黄泰、席建超等(2017)基于多目的地—多客源地交互的旅游供需空间系统视角，对长江三角洲区域旅游竞争力和出游力格局进行了研究。分析结果显示，高铁一方面增强了长江三角洲区域旅游的一体化，另一方面对长江三角洲区域旅游格局的核心—边缘结构起到了强化作用[41]。

3. 旅游交通的规划设计与发展策略

Gronau(2016)指出，为游客提供舒适的旅游交通体验在很大程度上能提升游客对旅游目的地的满意度，因此需要对区域旅游交通提档升级[42]。

Ko、Kim 等(2017)提出，在对旅游景区轨道交通进行规划建设时，应充分考量美学因素，可以增强旅游者在搭乘景区旅游交通时的体验感[43]。

余华刚、赵海娟等(2012)从安全角度出发，对咸宁区旅游区的步行、自行车交通系统进行了分析，提出将交通静化技术加入旅游区步行和自行车交通系统规划中，同时主张将人文情怀与旅游日的地景观特性相融合，强调旅游交通与景观相协调的设计理念[44]。

邵源、范颖玲等(2019)提出需要不断提升旅游交通品质从而提升旅游者在进行旅游活动时的体验，并通过对旅游者的出行幸福感进行量化测度，探寻多因素对幸福感受的差异分析，为城市交通政策制定和改善提供思路[45]。

四、旅游业与交通运输业耦合协调发展相关研究

旅游业与交通运输业耦合协调发展相关研究主要包括协调机理分析与协

调水平分析两方面。

1. 旅游业与交通运输业耦合协调机理分析

余菲菲、胡文海等(2015)指出,区域旅游业的发展会推动该区域的交通运输业的发展。旅游业的快速发展会加大旅游者对旅游品质的需求,其中对旅游目的地的旅游交通的便捷程度、舒适度、安全性、多样化等方面的要求越来越高,从而促进交通的优化;随着旅游业的发展,旅游者的数量逐渐增多,会对现行的交通系统造成一定的压力,从而驱动交通运输业的发展[46]。

吕倩(2019)指出,区域旅游业的发展带来更多旅客量、更高品质体验的需求,会促进旅游目的地交通网络的优化升级;交通网络优化对旅游目的地的通达性、旅游目的地的吸引力、旅游者的满意度、旅游资源的开发与建设等方面产生积极影响,进而加快旅游业的发展[47]。

刘安乐、杨承玥等(2017)指出旅游业的发展与交通网络的协调动力机制是由内生和外生两种动力共同作用而来的,其中,内生动力是指城市群交通演化与旅游发展过程中内在要求和行业发展推动;外生动力包括交通演化与旅游发展过程中受技术、政策、法规、效益等外部要素的推动[48]。

2. 旅游业与交通运输业耦合协调水平分析

罗景峰(2016)构建了一种可变模糊耦合方法,建立了更简洁合理的指标体系,对各个指标使用二元比较模糊分析法来确定其权重,然后进行相关测度[49]。

马勇、李丽霞等(2017)在运用耦合协调模型的基础上,以神农架为研究区域,对其旅游—交通—生态三者的耦合协调水平进行了综合实证分析。实证结果表明,三者的耦合协调水平呈现出稳步上升的趋势[50]。

白洋等(2017)在结合相关系数法与耦合协调模型的基础上,对丝绸之路经济带核心区的旅游业与交通运输业的耦合协调发展状况进行了实证分析。结果表明,两大产业高度相关,耦合协调等级由极度失调转变成了优质协调,初步形成了有机的协调发展机制[51]。

彭志敏、吴群琪(2017)基于耦合协调模型对我国31个省(自治区、直辖市)旅游业与交通运输业的耦合协调度进行了测度,并利用探索性空间分析法进行了时间与空间上的分析。实证结果表明,中国旅游业与交通运输业总体耦合等级较低且在空间上呈现出东高西低的“三级阶梯”分类特征[52]。

戢晓峰、谢世坤(2019)构建了URTT(城市化—区域经济—交通运输业—旅游业)复合系统协调发展综合评价指标体系,并运用基于改进的欧式距离耦合协调度模型,对云南省各州、市进行了测度,并对测得的URTT系统耦合协调度进行了时空演变分析[53]。

吴寒、刘东晋(2019)运用耦合协调模型对我国近十年来旅游业与交通运输业发展进行了实证分析。最终结果显示,我国旅游业与交通运输业两大产业的协调发展逐步趋好,但全国层面仍未真正实现协调发展[54]。

五、研究综述

通过对相关文献的梳理,国内外学者在旅游业与交通运输业发展方面进行了比较多的研究,主要集中在旅游业与交通运输业之间的相互关系、交通运输业对旅游业的影响、旅游交通对旅游业发展的影响、旅游业与交通运输业的耦合协调发展等方面。具体来看,在对旅游业与交通运输业之间的相互关系研究中,绝大多数学者认为旅游业与交通运输业之间存在较强的相关关系,指出交通运输业为旅游业的发展提供了必要条件,旅游业对交通运输业的发展也起到了相当大的促进作用,其中许多学者还采用灰色关联度法、相关系数法等方法对二者的相关性进行定量研究;在关于交通运输业对旅游业的影响方面的研究中,大多学者从交通成本、交通可达性、旅游者旅游决策、旅游相关资源聚集等角度进行分析论证,认为旅游交通基础设施建设水平的提升会促进交通可达性的提高,而随着该区域的交通可达性的改善,一方面提高了旅游目的地的可进入性,另一方面节省了旅游者的成本,进而引导更多旅游者进入,进一步吸引更多旅游企业等经济要素向该区域聚集,为旅游目的地的发展创造价值,促进该区域旅游业的发展；在关于旅游交通对旅游业发展影响的研究中，多数学者认为旅游交通是旅游活动得以进行的重要环节，其发展状况在很大程度上会影响区域旅游经济和区域旅游空间格局，对旅游业的发展起着制约或者促进作用；在关于旅游业与交通运输业耦合协调发展水平的研究中，绝大多数学者利用耦合协调模型，也有少数学者在该模型的基础上进行了创新改进。

总的来看，国内外学者对旅游业与交通运输业发展的研究在内容、角度以及方法上都日趋丰富，但仍存在对旅游业与交通运输业综合性研究不足、研究方法创新不够、缺乏跨行政区域的案例地等遗憾。因此需要加强对旅游业与交通运输业的综合研究，加强跨学科和多视角旅游交通研究，加强研究方法的多种比较和创新，扩展研究的新领域和新空间。

第二章

2 交通运输与旅游融合发展相关概念

第一节　全域旅游与旅游业

一、全域旅游

1. 全域旅游的概念

厉新建、张凌云等(2013)在解读新的旅游发展战略目标的基础上,指出需要理论创新,并首次提出了"全域旅游"这个概念,即在发展旅游业时,各行业融入其中,各部门齐抓共管,全城居民共同参与,充分利用目的地全部的吸引物要素,为前来旅游的游客提供全过程、全时空的体验产品,从而全面满足游客的全方位体验需求[55]。

我们认为,全域旅游是在一定区域内,以旅游业为优势产业,通过对区域内经济社会资源,尤其是旅游资源、相关产业、生态环境、公共服务、体制机制、政策法规、文明素质等进行全方位、系统化的优化提升,实现区域资源有机整合、产业融合发展、社会共建共享,以旅游业带动和促进经济社会协调发展的一种新的区域协调发展理念和模式。

全域旅游是由多部门参与、多产业协同、多要素整合,完善的基础设施服务,并借助技术手段和制度保障实现的,在发展上不局限于景区或城市,而是整个区域旅游资源开发与规划的高度整合。

2. 全域旅游的内涵

全域旅游的"全",不是指全部,而是虚指,指"大"和"广",是全面动员资源、全面创新产品、全面满足需求。全域旅游的"域",不是指空间,而是范围。

"全域"不是全能、全部,不是全面开花,更不是"村村点火、户户冒烟"的模式,而是"一体化系统发展"的理念。因此,全域旅游是旅游产业的全景化、全覆盖,是资源优化、空间有序、产品丰富、产业发达的科学的系统旅游。这种系统旅游要求，配套要完善，基础设施及公共服务实现主客共享；景城要一体，实现区域全景化，即“景即是城、城即是景”；人们要满意，实现“游客融于居民、居民乐于待客”；全程可保障，旅游过程从始至终，从进到出的一体化保障；产业能嬗变，通过“旅游+”实现以旅游业为核心，多产业联动融合发展，衍生形成新业态、新模式、新产品；市场要认可，最终实现区域特色转化为区域品牌并能成功输出。由此可见，全域旅游追求的是游客旅游质量和居民生活品质的提升，以及旅游在新财富革命中的价值实现。

3. 全域旅游的核心

发展全域旅游，其核心是发挥“旅游+”功能，即通过旅游带动，以旅游业为优势产业，旅游业与其他相关产业深度融合、渗透、交叉、聚变，形成新的生产力和竞争力。比如，旅游与文化融合，形成文化旅游演艺、文创景区（点）等文化旅游产品或形态；旅游与农业融合，形成乡村旅游、休闲农业、休闲农庄等产品或形态；旅游与工业融合，可以形成工业体验旅游、工业遗址旅游等产品或形态；旅游与教育融合，能够形成亲子旅游、研学旅游等产品或形态；旅游与科技融合，可以形成智慧旅游、定制旅游、VR 旅游等产品或形态；旅游与医疗融合，可以形成养生旅游、养老旅游、温泉旅游、医疗旅游等产品或形态；旅游与体育融合，可以形成运动休闲旅游、体育赛事旅游等产品或形态；旅游与城镇化发展融合，即可产生并形成旅游小城镇、旅游综合体等旅游产品或新的业态；旅游与交通运输融合，可以产生房车及房车营地、自驾旅游与汽车营地、游轮游艇旅游与游轮目的地等新的交通旅游产品或新的业态。

全域旅游的创建，是要促进旅游产业的发展模式与其他产业融合结构等方面进行优质转变；是某区域在发展旅游业时充分利用该区域的旅游资源、完善旅游基础设施、打造鲜明旅游形象、提供多样旅游产品、满足多样需求的基础上，打造、融合全域旅游理念的全新旅游目的地。

二、旅游业

1. 旅游业的概念

关于旅游业或旅游产业,国内外学者有多种不同的定义。

广义地看,旅游业就是以旅游资源为依托、以旅游设施为基础、以旅游活动为中心,通过提供旅游产品和服务而满足旅游者各种需求的综合性产业[56]。

狭义地看,旅游业就是凭借旅游资源和设施,专门或者主要从事招徕、接待游客,通过为旅游者办理旅游签证、联络交涉、导游、代购代销等,并为旅游者提供交通、游览、住宿、餐饮、购物、文娱等六个环节服务并获取经济收益的行业。

简单地说,旅游业就是为旅游活动提供直接或间接服务的行业和企业,最大限度地追求经济利益是其本质属性。

与其他传统产业相比,旅游业是建立在需求而非供给之上的。也就是说旅游业是以旅游者为对象,为旅游者的旅游活动创造条件和方便,并为其提供完成旅游活动所需要的产品和服务。正因为如此,旅游业的标准是由其服务对象也就是旅游者决定的,而不是由旅游业的业务和产品决定的。

旅游业为旅游者提供的产品和服务是一个整体,它包括交通(行)、游览(游)、住宿(住)、餐饮(吃)、购物(购)、娱乐(娱)等六个方面的产品和服务。旅游业本身是不生产产品的,它只是利用和借助其他产业的资源和产品并将其整合打包后提供给旅游者。如果要说旅游业有自身的产品的话,那就是服务。可见,旅游业就是一个中介服务业。

旅游业所利用和借助的其他产业包括第一产业、第二产业和第三产业中的行业,主要有交通业、景点业、酒店业、餐饮业、文化娱乐业、商贸业等。按照传统的《国际产业分类化分标准》,旅游业由旅行社业、旅游交通业、酒店业及其他相关行业构成,它们被称为旅游业的“三大支柱”产业。从旅游业发展的角度,根据旅游目的地来分类划分,旅游业由旅行社业、旅游交通业、酒店业、景点业和旅游行政管理五大行业构成。如果从大旅游的角度看,旅游业的构成还应包括文化、旅游演艺、旅游信息与营销、旅游教育培训等行业。因此,旅游业也是一个综合性的服务行业。

2. 中国旅游业的发展

(1)旅游业发展的阶段性特征

旅游业在我国的发展经历了两个时期多个阶段,相应的每个发展时期和发展阶段的旅游业的属性及内涵特征也在发展变化。

国内旅游业发展的第一个时期是中华人民共和国成立后至改革开放前(1949—1978 年),这个时期是旅游事业的发展时期。在这个时期,旅游被看成一项事业,旅游是计划经济的产物,没有任何经济属性,旅游事务是作为外交事业的一部分,归外交部管理,主要目的是加强与其他国家的联系,为我国的外交事业服务。

国内旅游业发展的第二个时期是改革开放以后(1978 年至今),这个时期是旅游产业的发展时期。在这个时期,旅游逐步转化成为一个经济产业发展,国内旅游业的发展又经历了多个发展阶段。

第一阶段(1978—1990 年):现代旅游业起步阶段。这个阶段,随着改革开放政策的实施、市场经济的确立与发展,由于经济建设需要,作为赚取外汇有力手段的旅游业在我国首先从国际旅游起步并逐步发展形成了一定的规模。随着经济社会的发展、国内居民收入的增长,国内旅游也于 1985 年起步。

第二阶段(1991—2000 年):产业化发展阶段。在这个阶段,国内旅游业真正开始了产业化发展,旅游业的各产业要素配置逐步完善,旅游业保持快速稳定增长,旅游业的产业地位得以确立并在国民经济中扮演重要角色,旅游业成为国内许多地区的支柱产业。这时候的旅游业范围比较窄,旅游主要就是指景区、观光等,旅游经济主要就是门票经济,门票收入占旅游收入很高的比重。

第三阶段(2001—2012 年):旅游业提升阶段。进入 21 世纪以后,得益于经济的高速增长和巨大的人口红利,通过旅游标准化的实施,以及政策、技术等条件的支持,旅游业的产业体系得以完善,旅游业的质量得到提升,国内旅游业得到了快速发展，旅游经济占国民经济收入的比重不断增加。中国成为世界第三大旅游目的地国和第一大旅游客源国。国内旅游业的范围与领域大大增加，从之前的旅行社业、旅游交通业、酒店业、景点业和旅游行政管理五大行业结构扩展到旅游六大要素所包括的所有行业，这些行业相互联系、互相作用，现代旅游业真正形成。

(2)中国旅游业发展新时代

自2013年以来，随着中国经济发展进入“新常态”，中国旅游业发展进入了一个新时代。这是由于旅游度假休闲成了国内居民的生活要素，或者说成了人们生活的一部分。国民旅游普遍化、多元化发展，市场向大众化转型，旅游者对整个生活环境要求越来越高，游客更加注重享受生态、品味生活、体验文化的精神享受；旅游的时空变化特征明显，中国旅游进入全域旅游、全民旅游、全球旅游的“三全”时代。同时，国家提出了要建设世界旅游强国，从“初步小康型旅游大国”到“全面小康型旅游大国”再到“初步富裕型旅游强国”的战略目标。因此，新时代中国旅游业的发展将重新定位，旅游业发展的重点转向产业结构调整，聚焦质量、效率和革新，尤其是深化旅游业供给侧结构性改革，推进“互联网+旅游”和“旅游+”，推动“全域旅游”“智慧旅游”建设，着力提升旅游品质；旅游业发展模式必须转变，从劳动密集型转向资金、技术密集型，从粗放的资源驱动转向创新驱动发展，保证旅游业的健康可持续发展，满足人民群众对旅游度假休闲需求的日益增长。

(3)旅游业发展要解决的主要问题

中国旅游业自改革开放以来历经40余年的发展，但无论是旅游业的产品结构还是旅游市场的满意度都仍然存在着严重的问题，主要原因在于旅游产品结构单一，多数以观光型旅游产品为主，而文化型、体验型、享受型、度假型旅游产品较少，观光旅游依然主导着整个旅游产业的发展。旅游产品结构单一必然会导致旅游产业的经济附加值不高，旅游市场的潜力被局限。此外，尽管旅游基础设施、服务设施发展很快，但仍然不能满足和适应旅游业快速发展的需要。

因此为了突破旅游产业发展的瓶颈，旅游产业必须寻求同其他相关性较强的产业的融合发展，从而扩张市场，提高竞争力。

中国旅游业40余年的发展在完成了“量”的不断累积和扩展之后，将向更高层级的“品质旅游”发力。交旅融合发展将拉动我国从“景区旅游”向“全域旅游”转变，有助于连“点”成“线”，汇“点”成“面”，进而促进旅游供给的品质化。

第二节　交通与旅游交通

一、交通

1. 交通的概念

所谓交通，即交错相通，《易经》谓之“天地交而万物通”，也就是人和物的往来通达。要实现人和物的往来通达，就需要利用某种工具，通过某种手段或方式进行传输，以帮助人和物的空间位移。从个体角度看，交通就是人们借助某种工具或方式实现人和物从一个地方到另一个地方的空间位移活动的整个过程。从群体角度看，交通就是指人类利用某种工具或方式，以实现人和物的空间位移及信息传输而进行的生产活动。

在现代，交通指从事旅客和货物运输及信息（语言和图文）传递的行业，它包括运输和邮电两个方面，是各种运输手段和邮电通信的总称，在国民经济中属于第三产业。

一般而言，交通分为以下几种基本类型：

陆运交通：依托行走在陆地上的交通工具而进行的运输，如汽车、火车等。由于陆运成本较低，因此大部分地区的主要短距离运输均为陆运。

水运交通：依托航行在海洋、河流、湖泊等水面上的交通工具而进行的运输，如轮船、双体船等。水运交通运载量大，一般用于大宗货物的运输。

空运交通：依托空中的交通工具进行的运输，如飞机、直升机等。由于速度较快，因此通常用作洲际航行。

2. 交通运输业的概念定义

作为一项经济产业，交通运输业就是使用运输工具将旅客或货物送达目的地，使其空间位置得到转移的行业的总称。交通运输部门是国民经济中专门从事运送货物和旅客的社会生产部门，包括铁路、公路、水运、航空等运输部门。

3. 交通发展简述

交通是随着人类生产和生活的需要而发展起来的。在古代，为了生存，人们逐水而居，水上交通就成为最早的运输方式。传说伏羲氏“刳木为舟，剡木为楫”，表明舟船在中国很早就已出现，舟船也成为古代人类最便捷的交通工具。公元前 480 年中国开凿了古老的运河邗沟，至秦朝又为粮运开凿连通了长江与珠江两大水系的灵渠，成为水路自身联运的创举。隋朝开通了连通长江、淮河、黄河三大水系，连接中国南、北方的大运河。古代地中海的腓尼基人和濒临地中海的希腊人善于造船、航海，11 世纪，中国将指南针用于航海，促进了世界航海技术的发展，这些都推动了水上交通运输的进步。

在蒸汽机发明以前，即 18 世纪中叶以前，人类主要依靠驯服马、牛等牲畜作为运载工具，这是出现得最早的陆上交通工具，马也是古代最快的交通工具。此后出现马拉车、牛拉车，又促进了道路的人工修筑，如中国古代秦朝的驿道、秦直道，又如 3 世纪，罗马帝国完整的道路体系，直至出现著名的丝绸之路。

1769 年瓦特发明蒸汽机，随后工业革命开始。19 世纪初，机动轮船和蒸汽机车出现，铁路运输开始。19 世纪末到 20 世纪初，汽车、飞机相继问世，近代交通运输业从此开始。

20 世纪下半叶以来，尤其是进入 21 世纪后，交通运输业进入高速发展阶段。随着经济社会的发展和科技的进步，高速公路、新能源汽车、电动机车、高速铁路、亚音速飞机、超音速飞机等的不断发展，管道运输、磁悬浮高速列车、航天飞机等新的交通方式的出现，以及集成电路、互联网、物联网等现代通信手段的进步，时空距离不断缩小，交通运输业进入现代化发展时期。

二、旅游交通

1. 旅游交通的定义

目前，学术界对旅游交通的定义尚未形成一个被广泛接受的统一的说法。学者们从不同的角度对旅游交通进行了颇有意义的探索和界定。

杜学（1996）提出，旅游交通是指为旅游者在旅行游览过程中提供所需交通运输服务而产生的一系列社会经济活动与现象的总称[57]。

关宏志等（2001）则将旅游交通分为广义旅游交通和狭义旅游交通来界定。广义的旅游交通是指以旅游、观光为目的的人、物、思想及信息的空间移动，探讨的对象包括人、物、思想及信息；狭义的旅游交通概念则将讨论的对象仅限定在人或物上[58]。

张辉（2002）指出，旅游交通是指利用一定的运载工具，通过一定的交通线路和港口、车站、机场等设施，在约定的时间内将旅游者从其居住地或出发地向旅游目的地进行空间位置转移的一种特殊的经济活动[59]。

林森（2002）则认为，旅游交通是指为旅游者由定居地到目的地往返以及在各地区往返而提供的服务[60]。

卞显红、王苏洁（2003）对旅游交通的定义为支撑旅游目的地旅客流和货物流流进、流出的交通方式，路径与始、终点站的运行及其之间的相互影响，包括旅游目的地内的交通服务设施的供给及其与旅游客源地区域交通连接方式的供给[61]。

综上所述，我们可以看出，旅游交通因旅游需求而伴随着旅游全过程，旅游交通是这个过程中的交通线路、交通工具、设施以及服务的总和。

因此，我们认为，旅游交通的概念界定应该从两个不同的角度来看。首先，从旅游者的角度看，旅游交通是指旅游者借助某种工具或利用某种手段和途径，实现从一个地点到达另一个地点的空间转移过程。其次，从旅游从业者的角度看，旅游交通是指借助某种交通工具或手段和途径将旅游者从一个地方转移（运送）到另一个地方的过程。旅游交通既是旅游者往返于客源地和目的地的手段，同时也是旅游者在目的地内活动往来的手段。

旅游交通是因旅游需求而伴随着旅游全过程的交通线路、交通工具、设施以及服务的总和。旅游交通是指旅游者在旅行、游览过程中产生的位移的总称，对组织者而言，则是提供所需要的交通服务及其一系列相关的社会经济活动与现象的总称。

2. 旅游交通的构成与分类

旅游交通的构成包括旅游交通线路（如陆地公路、铁路、游览道路、水上航线、空中航线等）、旅游交通工具（如旅游巴士、旅游列车、旅游包机、游轮、自驾车辆等）、旅游交通设施（如游客换乘中心、站点、码头、停车场等）以及为旅游者提供的交通服务，包括人员服务、交通信息服务等。

旅游交通的类型，一般有以下两种分类方法。

（1）按交通工具或交通方式划分

根据不同的交通工具或交通方式进行划分，旅游交通可以分为：

①陆运旅游交通。陆运旅游交通是指借助行走在陆地上的旅游交通工具，实现空间转移的过程。陆运旅游交通又分为公路旅游交通和轨道旅游交通。

公路旅游交通是指通过公路或高速公路，利用旅游巴士、旅游观光车、自驾车辆等，实现空间位移。公路旅游交通灵活性较大，能深入旅游点内部，实现“门到门、点对点”运送；其对自然条件的适应性较强，能随时随地停留，可任意选择旅游点，把旅游活动从“点”扩大到“面”；公路建设具有投资少、占地少、施工期短、见效快等特点。公路旅游交通的缺点包括载运量小、可变成本高、运费较高、速度较慢，此外，受气候变化影响较大等。

轨道旅游交通是指通过铁路、轻轨，利用旅游专列、高铁列车、轻轨列车等，实现空间位移。轨道旅游交通具有运载量大、运价低、受气候变化影响小、安全、环境污染小等突出优点,但同时也存在受地形条件影响大、造价高、修建工期长等缺点。

②水运旅游交通。水运旅游交通是指借助航行在海洋、河流、湖泊等水上的旅游交通工具,如游轮、观光船等,实现空间转移的过程。大型游轮集多种功能于一身,既是水上旅游交通工具,也是一座流动的豪华酒店,还是漂浮的度假胜地。水运旅游交通具有运量大、能耗少、成本低等优点,但也存在速度较慢、准时性差、灵活性差、受多种自然因素影响大等缺点。

③航空旅游交通。航空旅游交通是指借助在空中航行的旅游交通工具,如旅游包机、观光直升机等,实现空间转移的过程。航空旅游交通具有快捷、省时、舒适、安全、可跨越各种天然障碍等优点;同时也存在成本高、能耗大、污染环境、不能深入旅游区内部等缺点。

④特种旅游交通。特种旅游交通是指专门用于旅游区内或特殊旅游活动中,以满足旅游者某种特殊需求的交通工具或交通方式,如索道、缆车、热气球、观光潜水艇等,既能提供空间位移服务,又能提供新奇、独特、刺激的娱乐和享受,满足旅游者的旅游体验和感受需求。

(2)按地理空间尺度范围划分

根据不同的地理空间尺度范围,旅游交通可以分为外部旅游交通和内部旅游交通。

①外部旅游交通。外部旅游交通是指旅游者利用某种交通工具或交通方式往返于旅游客源地和旅游目的地之间的空间转移的过程。外部旅游交通可以跨国或跨省,其空间尺度较大,所以又被称为旅游大交通。

②内部旅游交通。内部旅游交通是指旅游者在旅游目的地内利用某种交通工具或交通方式从一个点到另一个点的空间转移的过程。由于内部旅游交通的空间尺度较小,因此又被称为旅游小交通。

3. 旅游交通的特性

(1)游览性与体验性

旅游交通与一般的客运、货运交通相比,有其自身的特点。旅游交通的最终目的是前往异地进行观光游览、休闲度假,以获得某种经历或体验。游客沿交通线的移动,不仅是为了完成空间位移,其本身也是一种旅游的经历和体验,是旅游者最终获得的旅游体验中的组成部分。交通线路和旅游线路高度统一,表现在一般旅行社推出的旅游产品即是以交通线路把各旅游地和景点串联拼合起来,形成一条旅游线路(即通常说的旅游产品)向市场销售。

(2)安全性与便捷性

旅游交通在安全、快捷、准时等方面比一般通用交通要求更高,旅游者出游的目的是体验异地生活和文化,以获得最大的身心放松,达到精神愉悦。旅游交通的安全、快捷、准时是旅游者旅游活动正常进行的保障,是旅游交通运输业和整个旅游业的生命,也是旅游业赖以生存和发展的前提。

三、旅游交通与旅游业

旅游与交通的关系密不可分,交通为旅游的发展提供了必要条件,旅游对交通的发展也起到了相当大的促进作用。交通是旅游的形成和发展的基本前提,现代旅游的快速发展在很大程度上是现代交通高度发展的结果。而旅游业作为国民经济的支柱产业、先导产业或第三产业中的主要行业,具有接通、延伸产业链功能的特点,其发展又对交通运输业具有重要的推动作用。可以说,交通运输业与旅游业之间呈现出一种相互关联、相互作用、互利互惠的密切关系。推进交通运输与旅游融合发展,无论是对促进旅游业的优质转变还是对深化交通运输供给侧结构性改革、提升旅游交通服务品质都具有重要意义。

1. 旅游交通是旅游活动的载体

旅游的异地性特征决定了旅游活动首先要有旅游者的流动和聚集,旅游者必须利用某种交通工具或交通方式离开自己惯常居住地前往另一个地方进行观光游览、休闲度假，获得某种经历和体验。旅游交通就成为旅游者的聚散和空间位移的工具，成为旅游者完成从居住地到目的地的空间位移，进而完成整个旅游活动的载体。

2. 旅游交通是旅游业产生和发展的先决条件

可自由支配收入、闲暇时间、出游意愿被称为旅游产生的三大必备条件，而方便快捷的现代交通运输是促进旅游需求产生的重要因素。

首先，人们能够用于旅游的可自由支配收入、闲暇时间可能是有限的，现代化交通运输的发展，快捷、安全、方便、舒适的交通工具的出现，能够大大提高交通运输能力，使得旅行的速度加快、旅行的时间缩短，有效地节约旅游者的时间和费用。旅游交通的发展带来更多的旅游者，从而刺激旅游业的发展。

其次，旅游的可进入性是旅游业发展的前提条件，旅游交通是可进入性的重要内容之一。只有通过旅游交通解决旅游者“进得来、散得开、出得去”的问题，让旅游交通成为沟通旅游客源地与目的地，以及旅游目的地内部各旅游活动场所之间的联系纽带，使旅游者到达旅游目的地或旅游点，旅游目的地或旅游点才能够兴起和形成，旅游资源的价值才能够实现，旅游设施和服务才能够真正发挥作用，旅游业才能够兴起、形成和发展。

旅游交通的发达程度不仅会影响旅游者对旅游目的地的选择，还会影响旅游资源的开发建设与市场营销，并且好的影响会随时间累积变成一条旅游线路，甚至可以带动区域旅游的快速发展。

3. 旅游交通是旅游产品的重要构成

从旅游活动构成看，旅游活动包含“吃、住、行、游、娱、购”六大基本要素，其中的“行”即是旅游交通。它既是完成旅游活动的先决条件，也是旅游活动的重要内容之一。旅游者旅游活动的开展，可以通过选择不同的交通工具或交通方式从不同的角度领略不同的风光，获得不同的经历和体验。比如，乘坐索道、缆车登山及观光，乘坐竹筏、皮划艇漂流，骑马或自行车的骑行活动等。

旅游交通本身也可以成为旅游吸引物，比如，作为景观道、风景道的旅游公路,成为游览参观点的各种桥梁,成为目的地的汽车营地;作为既是交通工具又是移动住所的房车,被称为移动酒店、漂浮的度假胜地的游轮等。这时的旅游交通不再是单纯地解决旅游者的空间位移问题,而是转变成一种特殊的旅游活动参与和体验项目,成为特色旅游内容的一部分。这类特色旅游比较典型的有:穿行于南非、津巴布韦、赞比亚和坦桑尼亚的世界上最豪华的旅行列车“非洲之傲——罗沃斯列车”(Rovos Rail)旅游,航行于长江重庆至宜昌段的“长江三峡游轮”旅游等。

4.旅游交通是旅游收入的重要来源

在旅游业的发展中,交通运输早已成为旅游基础设施体系中的重要组成部分,支撑着旅游经济。任何一个国家或地区的旅游总收入中,旅游交通收入都占有比较突出的比重。旅游者要到达旅游目的地,总是要借助一定的交通工具,当旅游者借助交通工具并接受相关的交通服务时,必须支付相关费用,这就形成了旅游交通的收入。相关研究表明,国内旅游者的交通支出在其总旅游消费支出中占20% ~40%,而国际旅游者的交通支出在其总旅游消费支出中所占比重更大。

第三节　交通运输与旅游融合发展

一、交通与旅游融合的概念

1.产业融合

产业融合是指不同产业或同一产业内的不同行业在技术创新与制度创新的作用下,相互交叉、相互渗透,进而融为一体,形成新型产业形态的动态发展过程。产业融合的本质是产业创新,而产业创新的目的只有一个,那就是发掘产业潜力,寻求产业新的经济增长点。

产业融合始于20世纪70年代，一些西方发达国家的高新技术得到了快速发展，高新技术不断扩散和渗透到其他的产业：从早期的媒体、电信和信息产业，逐渐扩散到服务业，最后延伸到农业和工业，创造出大量的新业态和新产品。

2. 交通与旅游融合

交通运输与旅游融合，一般称“交通与旅游融合”，简称“交旅融合”，实质就是交通运输业与旅游业的融合。但这种融合并非交通+旅游的简单叠加，而是交通与旅游的相互交叉、相互渗透，并互为依托、互相促进，通过整合、组合、磨合，最终融为一体，衍生形成新产品、新业态、新供给的发展过程。

交通与旅游的融合，主要包括两个方面。

首先是功能融合，即交通的功能与旅游的功能叠加整合并融为一体，衍生形成新的交通旅游产品。比如，将交通场站的集散功能融入旅游接待住宿、旅游信息服务、旅游游乐体验、旅游产品展示、旅游文化创意，从而形成新的交通旅游产品，如交通旅游综合体、交通旅游文创景区；将旅游公路的通道功能融入旅游观光功能，形成旅游风景廊道；将高速公路服务区的休息功能融入度假娱乐功能，形成新型旅游区；将游轮的运载功能融入住宿、休闲度假、观光功能，形成移动的旅游目的地等。

其次在功能融合的基础上，进入产业融合，形成交通旅游新业态。它既包括交通业与旅游业的融合，如客运轮船与旅游融合形成游轮旅游及游轮业；也包括交通业内部各行业的融合，如陆运、水运与客运场站融合形成新型旅游集散枢纽，交通运输与交通信息服务的融合形成智慧交通旅游平台。

二、交通与旅游融合的角色作用

交通与旅游融合在全域旅游发展中扮演着重要的角色，发挥着独特的作用。

1.“经络点”作用

交通与旅游融合可以通过提供交通旅游集散、旅游交通运载服务，打通旅游通道，实现城区与景区之间、景区与景区之间的旅游交通无缝对接，发挥在旅游出行中的支撑和引导作用，成为有效打通全域旅游的“经络点”。

2.“门点”作用

通过交通与旅游融合发展，提供旅游交通基础设施、旅游交通精细服务，形成交通旅游精品产品，使其成为全域旅游发展中旅游要素配置的“门点”。

3.“融合点”作用

通过提供交通+景区、交通+住宿（驿站、汽车旅馆）、交通+物流基地购物、交通+车载服务、交通+旅行社、交通+场站文创的交通与旅游融合创新产品，从而发挥交通运输业与旅游业及其他产业深度融合的“融合点”作用。

三、交通与旅游融合发展的动力机制

交通运输业的发展意味着实现了交通演化，其中包含了交通成本的降低、交通规模的扩大、交通网络结构的完善、交通可达性的优化等方面，这些方面的演化与区域旅游中的旅游空间规模的扩大、旅游发展空间形态的演化、旅游客流分布的变化、旅游者旅游出行成本的降低、旅游资源的集聚等方面存在显著的相关性。一方面，交通网络演化对旅游业的发展起着推动作用；另一方面，旅游业的发展也促使着交通网络的演化。旅游业与交通运输业在相互影响、相互促进的过程中，逐渐形成了内生互馈机制，如图 2-1 所示。

1. 交通网络演化驱动旅游发展

交通网络的演化是促进旅游业发展的重要因素，交通网络演化对旅游业发展的支撑作用主要表现为锁定效应和引导效应。

（1）交通廊道对旅游发展的空间锁定效应

交通廊道是旅游客量、经济、信息、技术等物质和能量流动的主要载体。旅游交通规模的大小、空间格局上的集散、交通运输效率的高低都能影响旅游物

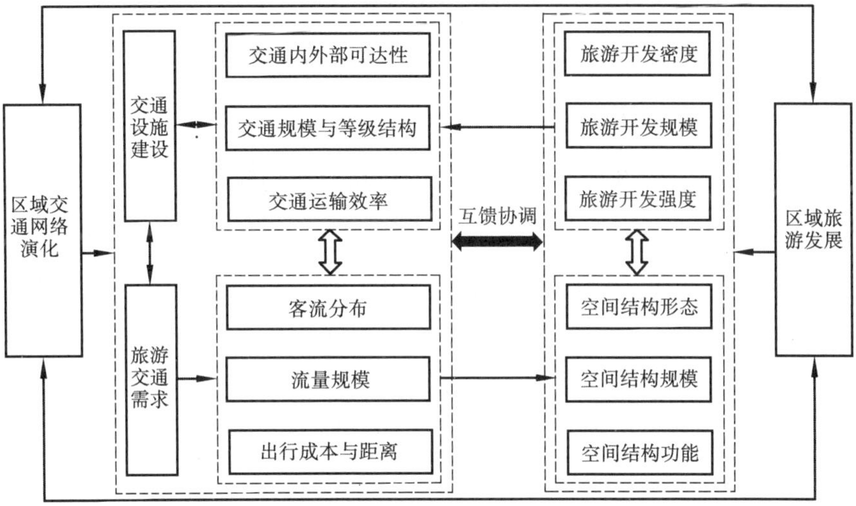

图 2-1 交通网络演化与旅游发展互馈机制

质和能量流动的方向、数量以及速率，而这些旅游物质和能量总是倾向于向旅游发展优势地带流动和集聚，这又进一步增加了旅游地带对旅游者的吸引力，从而锁定了资源和客量的聚集方向，进一步控制和决定了区域的旅游发展规模和速度。

(2)交通网络演化对旅游空间格局的引导效应

一个区域的交通网络演化通过交通方式变革、交通可达性的优化以及交通基础设施建设时机三个方面实现对旅游空间格局的演化引导作用。其一，交通方式的变革是指交通方式由单一向多元转化，从而扩大游客出行规模，使区域旅游空间格局得以变化、旅游目的地与客源地的互动关系得以增强；其二，交通可达性的优化进一步增强了交通网络化结构，进而降低了旅游目的地与旅游客源地之间的交通阻力，同时弱化了区域旅游资源空间开发的强度分异，旅游目的地旅游空间结构趋于均衡；其三，城市群交通设施的建设时机和建设时序影响旅游发展的速度、方向和演化结果，对旅游发展阶段进程实现了引导[62]。

2. 旅游发展对交通网络的反馈效应

在交通网络驱动区域旅游业发展的同时，旅游业作为国民经济的重要组成部分，在该区域的交通网络演化中也扮演着重要的角色。旅游业的反馈效应主要通过旅游发展规模、旅游空间结构演化对交通网络产生影响。

(1)旅游发展规模“压力”与交通“响应”

近年来，随着国内旅游需求的快速增长，旅游市场异常火爆，旅游业的发展也日新月异，但旅游业的发展与交通运输之间的矛盾仍然不小，特别是在偏远地区的旅游业与交通运输业之间。如今，由于旅游业的快速发展，旅游者对旅游高品质化的需求越来越强，对旅游交通的舒适度、交通运载能力、交通出行方式等方面都造成了不小的“压力”，这就促使交通运输业做出相应的“响应”，并通过完善交通基础设施、提高交通运输服务质量、增强交通运载能力、优化交通可达性、丰富交通运输等方式“响应”来自旅游业快速发展带来的“压力”，缓解旅游业发展与旅游交通之间供需不匹配的矛盾。从旅游业发展“压力”到交通运输业的积极“响应”，形成了一个良性的互动循环，从而促进旅游业与交通运输业达到协调发展状态[63]。

(2)旅游发展的交通空间格局的驱动

由于受地理环境、旅游节点、旅游轴线和旅游域面等多种因素的影响，各地区的旅游资源丰富程度、旅游经济发展水平、旅游基础设施建设、旅游接待能力等方面存在着巨大差异，使得区域整体的旅游空间结构十分不均衡，呈现出以城市为中心且向外优势递减的旅游空间结构。旅游发展优势区域凭借优质的旅游资源、较高的旅游接待能力、完善的旅游基础设施以及良好的旅游品牌优势，发展成为区域旅游增长中心和旅游发展聚集带，进而形成“点-轴”旅游空间结构形态，驱动着交通要素在旅游优势区域间流动，驱使交通网络建设规模在“点”上不断聚集，进而发展成为交通网络中心地区，同时加强交通轴线的等级和改善交通可达性来保障中心旅游流动的通畅性以及缓解旅游发展集聚带的交通需求压力；对于旅游发展较为落后的偏远区域，交通建设难度较大、交通建设周期较长、交通建设投入缺乏，以至于与优势区域的交通条件差距进一步扩大，进而改变区域交通网络的空间布局。

第三章

3

重庆旅游业与交通运输业发展分析

第一节　重庆旅游业发展

一、重庆旅游业发展历程

1. 重庆旅游业发展的三个阶段

第一阶段(1978—1988 年):旅游业发展的接待型起步阶段。在此阶段,重庆旅游分别由重庆市外事办公室和重庆市服务局负责,行使外事或公务接待等管理职能,由以外事交往和公务接待活动为主的海外旅游起步,逐步延伸至国内旅游市场。

第二阶段(1989—1996 年):旅游业发展的事业型管理阶段。1989 年,重庆市旅游事业管理局正式成立,行使行业主管部门的行政管理职能,强化管理,推动旅游业的发展。在此阶段,旅游作为一项事业,规范发展,旅游业的规模逐步扩大。

第三阶段(1997 年至今):旅游业发展的产业化推进阶段。1997 年重庆市升为中央直辖市,重庆市旅游事业管理局更名为重庆市旅游局,2019 年重庆市旅游局更名为重庆市文化和旅游发展委员会。在此阶段,旅游业由事业管理型向产业发展型转型,旅游业真正作为一项经济产业得到大力推进,重庆旅游经济迅猛发展。

重庆市是我国最年轻的直辖市,旅游资源类型丰富,数量众多、特色较鲜明。直辖以来,经过 20 多年的发展,重庆旅游业取得了突出成绩。截至 2019 年末,重庆旅游业接待境内外游客 6.57 亿人次,旅游总收入 5 739.07 亿元;其中,接待入境游客 411.34 万人次,实现旅游外汇收入 25.25 亿美元,同比分别增长 6.0% 和 15.3% 。在入境游客中,重庆过夜游客 297.11 万人次,增长 6.1% ;拥有国家 A 级旅游景区 242 个,其中,5A 级景区 8 个,4A 级景区 106 个,3A 级景区76个，2A级景区51个，1A级景区1个；拥有星级旅游饭店173家，其中，五星级27家，四星级51家，三星级79家，二星级16家；拥有旅行社673家，其中，出境旅行社96家（含赴台社9家），一般旅行社577家；拥有市级以上旅游度假区17个，含国家级旅游度假区1个，全国五星级温泉旅游企业3家，国家中医药健康旅游示范区1个，国家中医药健康旅游示范基地2个。在荣誉上，央视新闻和人民网报道称“重庆是最宠游客的城市”；荣获2019亚洲旅游“红珊瑚”奖——十大最受欢迎文旅目的地；“壮丽70周年·最具影响力会展目的地金手指奖”；是全国唯一的“抖音之城”。

2. 重庆旅游业未来发展目标

自2015年以来，随着重庆成为知名的“网红”旅游城市，重庆旅游业的发展着力于旅游产业的提质发展。2017年1月19日，重庆市人民政府办公厅颁布《重庆市建设国际知名旅游目的地“十三五”规划》，提出要建设成为国际知名旅游目的地；大力发展旅游经济，旅游业成为重要支柱。

未来重庆旅游业的发展将着眼“山水之城· 美丽之地”的目标定位和“行千里·致广大”的价值定位，重点推进四大项目集群（中国温泉谷、长江三峡国际旅游集散中心、都市旅游、立体气候四季康养）建设、旅游国际化发展及旅游的国际影响力提升、智慧旅游和全域旅游创建推进、旅游发展新业态的培育；同时，推进旅游交通体系建设和提档升级，全力推动游轮、游艇等港口、码头和航道建设，推动“景景通”“城景通”旅游道路建设，打造公交专用道、骑行专用道、登山步道等慢行系统，主城区观光巴士线路全覆盖等，推动国际知名旅游目的地建设，打造重庆旅游业发展升级版，全面推动旅游业大发展。

二、重庆旅游业发展现状

1. 旅游经济持续快速发展

旅游收入是衡量区域旅游业经营成效的重要指标，同时也是旅游经济活动的最终目标。重庆市自直辖以来，短短20余年，社会经济发生了质的飞跃，其中旅游业发展迅速,2006—2019 年的旅游收入不断增长,对重庆市国民经济的拉动以及社会发展的推动作用日益凸显。

从图 3-1 中可以看到,2006—2019 年,重庆市旅游收入逐年增长,由 2006 年的 346.18 亿元增长到 2019 年的 5 739.07 亿元,13 年增长了 1 557%;从旅游收入的增长来看,2006 年的增长率为 14.96%,在历年的增长中属于中速增长,2007—2012 年的增长率均超过 25%,在历年的增长中属于快速增长,2013 年增速下滑至 6.55% 后呈现中高速增长,2006—2019 年年均增长率为 24.11%,在历年的增长中属于中高速增长。

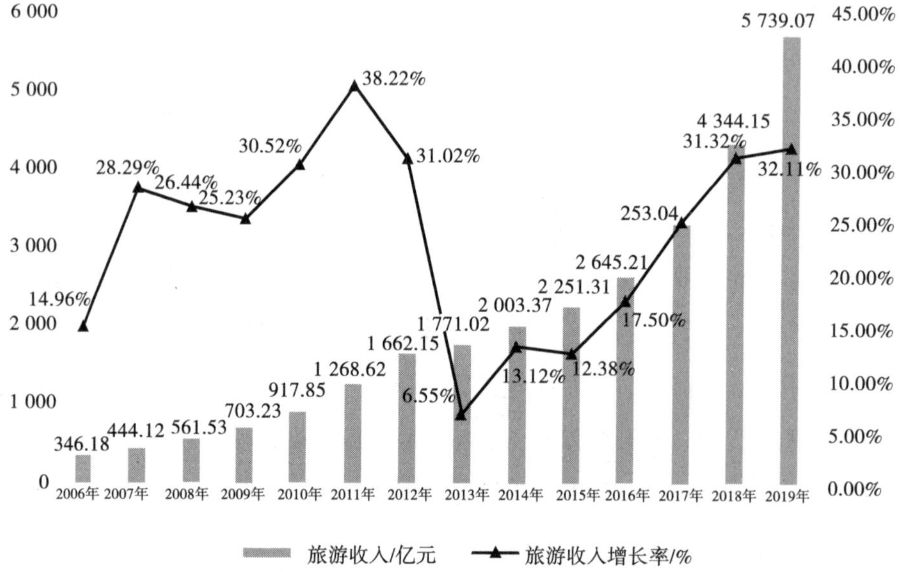

图 3-1 重庆市 2006—2019 年旅游收入及增长率趋势图

从图 3-2 中可以看到,2006—2012 年旅游收入占地区生产总值的比重稳步上升,在 2013 年有所回落后继续呈上升趋势,从整体来看,旅游收入占地区生产总值的比重呈逐年上升的趋势。旅游收入对地区生产总值增长的贡献率由 2006 年的 10.25% 经过波动后增长到 2018 年的 120.07%,2019 年又回落到 43.02%,整体呈现上升趋势。从以上数据可以看出,旅游业作为重庆市重要的经济产业,对重庆市国民经济和社会发展的贡献日益显著。

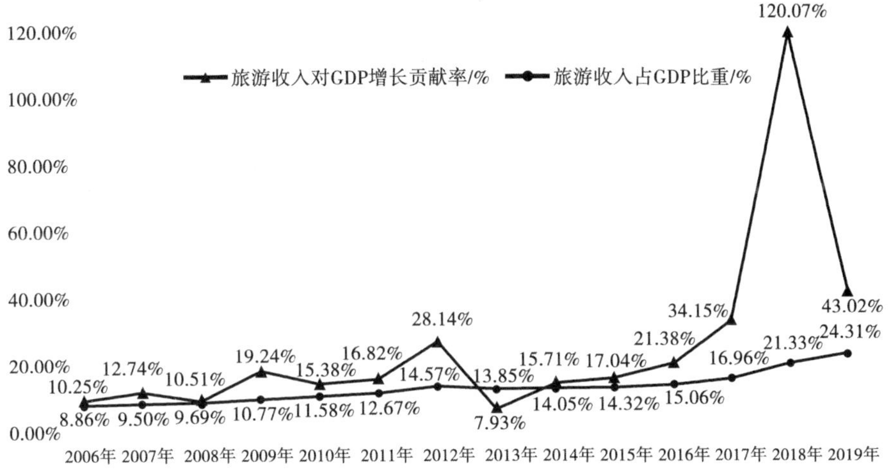

图 3-2　重庆市 2006—2019 年旅游收入对 GDP 增长贡献率、占 GDP 比重趋势图

2. 旅游市场稳步发展

接待游客人数是反映一个地区旅游业发展程度的重要指标，同时也是反映旅游市场大小的风向标。从表 3-1 中可以看到，重庆市接待境内外游客人数从 2006 年的 6 847. 51 万人次增长到了 2019 年的 65 708. 03 万人次，增长了 859. 59%，年均增长 19%，这说明随着社会经济的不断繁荣，人们在物质生活水平持续提升的同时，愈发重视对富足的精神生活的追求，这就伴随着对国内外休闲旅游需求的持续增加；表明重庆市在提高对外吸引力的同时，旅游接待能力也在不断提升。其中，2019 年重庆市接待国内游客人数为 65 296. 69 万人次，较 2006 年的 6 787. 19 万人次增长了 862. 02%，年均增长率达到了 19. 02%；2019 年重庆市接待境外游客人数为 411. 34 万人次，较 2006 年的 60. 32 万人次增长了 581. 93%，年均增长率达到了 15. 91%。这一系列数字的强劲增长说明了重庆市的对外旅游吸引力在不断增强，旅游市场在稳步扩大，旅游产业在向好发展。

从 2016 年开始，重庆市开始打造以“山水之都 · 美丽重庆”为主题的城市形象，并对此进行大力宣传，同时对山水都市、长江三峡等十大旅游名片进行大力推广宣传，全面推进重庆旅游新形象。结合“请进来”与“走出去”的方法，不遗余力地推动重庆国际知名旅游目的地建设，助推旅游业大发展，着力将旅游业打造成重庆市的战略性支柱产业。在这一系列举措下，重庆市入境旅游仍保持了两位数增长，而全国入境旅游仅有小幅增长，重庆市高于全国平均水平。

表 3-1　重庆市 2006—2019 年接待国内外游客人数及增长率

年份	接待境内外游客		接待国内游客		接待境外旅客	
	人数/万人次	增长率/%	人数/万人次	增长率/%	人数/万人次	增长率/%
2006	6 847.51	13.79	6 787.19	13.78	60.32	15.15
2007	8 085.50	18.08	8 009.33	18.01	76.17	26.26
2008	10 088.38	24.77	10 001.19	24.87	87.19	14.47
2009	21 295.84	111.09	21 191.03	111.89	104.81	20.21
2010	16 171.59	-24.06	16 034.57	-24.33	137.02	30.73
2011	22 205.53	37.31	22 019.13	37.32	186.40	36.04
2012	29 030.34	30.73	28 806.06	30.82	224.28	20.32
2013	30 839.66	6.23	30 597.40	6.22	242.26	8.02
2014	34 914.68	13.21	34 650.92	13.25	263.76	8.87
2015	39 167.63	12.18	38 885.10	12.22	282.53	7.12
2016	45 086.13	15.11	44 769.55	15.13	316.58	12.05
2017	54 230.21	20.28	53 871.86	20.33	358.35	13.19
2018	59 723.71	10.13	59 355.69	10.18	388.02	8.28
2019	65 708.03	10.02	65 296.69	10.01	411.34	6.01

三、重庆旅游业发展的主要问题

重庆旅游业发展的主要问题包括以下六个方面。

1. 旅游基础设施配套不健全

重庆的高铁发展相对滞后，游轮母港缺乏，长江三峡沿线旅游码头建设、“城景通”“景景通”严重滞后；旅游交通集散能力不足，尤其是乡村道路普遍达不到旅游道路等级要求，“最后一公里问题”比较突出；城市配套设施和服务保障条件不够完善，特别是诸多“网红景点”的交通通达能力、旅游接待和服务管理条件等都亟待提升。

2. 旅游产品供给不平衡

当前重庆的旅游产品供给不平衡问题主要表现在两个方面。

（1）旅游产品的结构不合理

重庆的旅游产品一直以低档次、同质化、粗放型的观光旅游为主，旅游观光产品结构性过剩，不能适应旅游者不断升级的多样化、个性化的旅游消费需求，降低了旅游者再次或者多次消费的兴趣，造成实质性有效需求的降低。

（2）精品旅游产品供给不足

高品质、个性化的精品旅游产品尤其是文化旅游产品又供给不足，巴渝文化、三峡文化、红色文化、抗战文化等大量地方特色文化内涵挖掘不够，文化旅游附加值远没有体现，跟不上旅游者不断升级的旅游消费需求。

3. 旅游消费偏低

近年来，重庆成为旅游“网红”城市，连续几年的旅游接待总人次位居全国前列，旅游消费人气很旺，但旅游消费水平不高。重庆的旅游消费水平处于全国低位，人均旅游消费远远低于全国平均水平。表 3-2 为 2016—2019 年人均旅游消费比较。

表 3-2　2016—2019 年人均旅游消费比较

年份	人均旅游消费	
	重庆人均消费/元	全国人均消费/元
2019	873	1 104
2018	727	1 044
2017	610	913
2016	586	888

重庆的人均旅游消费低于全国平均水平主要有两方面原因。

(1)旅游供给与市场需求不匹配

旅游供给与市场需求匹配度不高,休闲度假产品和旅游消费产品开发不够、质量不高,靠人海战术、门票经济的传统观光型旅游仍是主流,“过境游”“一日游”比重大。以“一日游”为主的观光旅游本身游客停留时间短、重游率低、消费能级低。

(2)旅游消费结构不合理

调查显示,来渝旅游者的旅游消费主要在旅游交通、景区门票、住宿、餐饮等基本旅游消费上,约占其旅游消费的 80% 。而在文化娱乐、旅游购物等非基本旅游消费上仅占约 20% ,与旅游发达城市相比,显然旅游消费结构不合理。

此外,由于重庆本地避暑地开发相对不足,休闲度假旅游区开发相对滞后,而乡村休闲项目以传统的“农家乐”为主,比较粗糙,不够精细,导致本地旅游者的避暑度假旅游消费流向贵州桐梓、湖北利川以及川西地区等,本地旅游者的休闲度假旅游消费,尤其是周末休闲度假旅游消费向周边的成都和遵义地区流失,使重庆本地旅游者旅游消费异地流失严重。

4.“旅游+”发展不够

重庆旅游业与交通、文化、体育、医疗、工业、农业、商业、金融等行业的融合发展还不够，有鲜明主题、突出特色的旅游新产品、新业态，特别是多产业融合的旅游综合体项目还相对缺乏。各区县及各涉旅产业的发展依然以各自为政、单打独斗为主，旅游产品串点连线成片严重不足，不易形成符合旅行特点、特色鲜明、方便快捷的旅游线路产品，旅游竞争力和吸引力难以有效提升。

5. 旅游国际化程度不高

目前，重庆能吸引国际旅游者的国际旅游产品主要有长江三峡游轮旅游、大足石刻文化宗教旅游、都市观光旅游，基本属于观光型旅游产品，旅游产品单一而且竞争力不强。面向国际旅游市场的旅游宣传营销投入不足、渠道不够、方式不多，且未形成合力，国际影响力不够。国际旅游直飞包机航线不够，真正的国际旅游直飞包机航线仅有 8 条。境外游客占总旅游人次的比重偏低，而其中的外国游客占比更低，且逐年下滑。这与打造国际知名旅游目的地的目标还有很大差距。表 3-3 为 2016—2019 年重庆接待境外游客占比。

表 3-3　2016—2019 年重庆接待境外游客占比

年份	接待游客总量/万人次	接待境外游客量/万人次	占比/%
2019	65 708.03	411.34	0.63
2018	59 723.71	388.02	0.65
2017	54 230.21	358.35	0.66
2016	45 086.13	316.58	0.70

6. 旅游人才缺乏

旅游人才队伍建设的主要问题是旅游人才结构失调，表现在两个方面：一是人才类别结构失调，旅游从业人员中传统的旅行社计调、导游、酒店服务人员、一般旅游销售人员占比较大，而旅游品牌推广人才、旅游创意规划策划人才、旅游电子商务人才、旅游投融资人才、旅游国际化人才较少或缺乏；二是人才层次结构失调，旅游从业人员主要以低端的服务型、操作型人才为主，单一的技能型人才多，且以中职生、高职生为主，本科生次之，而中高端的复合型经营管理人才、硕士以上人才较少，博士人才尤其稀少。

第二节　重庆交通运输业发展

一、重庆旅游交通发展简述

重庆的旅游交通是伴随着重庆旅游业的发展而发展的。1978 年以前，重庆还没有为旅游接待配套专门的旅游交通，唯一可以称得上专门的旅游交通是隶属于重庆市外事办公室下属重庆旅游公司（重庆海外旅业集团的前身）的专门负责外事和公务接待活动的汽车队。早期人们的出行主要依赖公共交通，主要有陆运交通（汽车、火车）和水运交通（客轮）。

1. 水运旅游交通

在重庆旅游业发展的第一阶段，重庆旅游交通是从水运旅游交通开始的。1978 年美国林德布雷特旅行社包租了长航的“昆仑号”，成为长江上航行的第一艘游船。随后“神女号”“三峡号”“巴山号”“峨眉号”“长江之星号”等相继建造下水营运，形成了专门的游轮船队。20 世纪 90 年代，未修通高速公路之前，长江航线开通了水翼飞船，其一直是游览长江三峡最快捷的交通工具。经过 40 余年的发展，目前重庆形成了以“长江系列”“黄金系列”“世纪系列”为主体的长江三峡豪华游轮船队。

1987 年，重庆轮渡公司轮渡 505 号船开行两江夜游船。1997 年，由重庆中旅集团打造的“满江红”游轮下水，两江游有了首艘专门游轮，标志着重庆“两江游”正式开始。

2. 都市旅游交通

重庆都市旅游交通始于20世纪80年代。1982年1月1日,中国第一条城市跨江客运索道——重庆嘉陵江客运索道建成试通车。

1984年10月1日,朝天门缆车投入运行。

1987年10月24日,横跨长江,连通渝中区和南岸区的长江索道正式投用,索道全长1 166 m。2013年初,经重庆市旅游局、渝中区旅游局推荐,重庆长江索道正式作为旅游项目,成为重庆市又一处国家3A级景区。

2016年9月28日,重庆首条观光巴士——渝中观光巴士480线投入运行。

3. 公路旅游交通

1995年9月,首条高速公路——成渝高速建成通车。

2002年12月,原重庆高等级公路建设投资有限公司更名为重庆交通旅游投资集团有限公司(简称"重庆交旅集团"),由重庆市人民政府出资组建的国有大型独资公司,致力于高等级公路的投资、建设、经营和资产管理,以及旅游资源的投资、招商、规划、开发、建设、经营和管理,加速了重庆旅游交通路网的建设形成。

2004年,重庆交通运输控股(集团)有限公司(简称"重庆交运集团")成立,旗下的道路旅游客运服务体系形成了四大市级旅游集散中心、一个"愉客行"公众出行平台,提供景区直通车、旅游专线、旅游包车等服务。

重庆交通运输控股集团积极主动探索"运""游"融合发展的新路径。首先在组织架构上,建立起"1+5+N"的交旅融合的组织模式。所谓"1"就是指重庆市各旅游集散中心及分中心所属的一级公司,即重庆交运集团;"5"指各旅游集散中心所属的二级公司,即运业公司、渝运公司、长运公司、公运公司、万运公司这5个二级公司,各旅游集散中心分别隶属于各二级公司旗下,由各二级公司对其进行日常的经营管理;"N"是指重庆市现有的旅游集散中心、旅游集散分中心、旅游场站、旅游门店的总和,各旅游集散中心及场站覆盖了30个区县。其次,成立交旅融合的平台机构——旅游集散中心。依托自有交通场站资源和车辆、线路资源，进行升级改造，取得市旅游局资质认定。在2014年，借菜园坝长途汽车站和火车站的区位优势，投资成立了重庆地区最早的旅游集散中心——菜园坝旅游集散中心。随后龙头寺、双凤桥、四公里、陈家坪等集散中心相继成立，到2018年，拥有5个旅游集散中心总中心、17个旅游集散中心分中心、24个旅游门店，各旅游集散中心和旅游门店分布在重庆市30个区县，区县覆盖率达78.9%。最后，交旅融合取得一定成效。集团所属各旅游集散中心共计开通旅游客运线路150余条，直达旅游景区线路100余条。其线路不仅覆盖了重庆的各个区县，更是连接了四川、贵州、湖北等地区的部分旅游景点，实现游客运输量171万余人，营业总收入4 000万元。

4. 轨道旅游交通

2004年，重庆海外旅业、亨大旅行社、绿艺旅行社、中北旅行社联合推出“新天地”旅游专列计划，属重庆市内首创。

2004年11月6日，重庆城市轨道交通（轻轨）的第一条线路开通观光运营。

2015年12月，重庆首条高铁——成渝高铁建成通车。

5. 航空旅游交通

1990年，重庆江北机场建成投入使用，结束了重庆没有民用机场的历史，1998年更名为重庆江北国际机场，至2017年8月完成四期扩建，成为4F级民用国际机场，中国八大区域枢纽机场之一。

2006年3月，首架重庆至吉隆坡的旅游直飞包机开通。2013年8月，重庆旅游国际包机有限公司成立，开通了多条国际旅游包机直飞航线。

截至2017年底，重庆的立体旅游交通基本形成。

2017年，重庆启动城市提升交通建设“三年行动计划”，计划总投资2 685亿元，提速“四好农村路”、高速铁路、高速公路和普通干线公路建设，打造国际性综合交通枢纽，有力推动重庆旅游交通业和旅游业的大发展。

二、重庆交通运输业发展现状

直辖以来,重庆交通运输业发展取得较好成绩,主要表现在以下几个方面。

2018 年,“米”字形高铁建设快速推开,全市铁路营业里程达到 2 371 km;“三环十一射”的高速公路网络日趋完善,高速公路通车总里程达到 3 096 km,省际对外通道增加至 20 个;“1+4+N”区域航空网络格局有序展开,国际航线总数达到 82 条,江北国际机场实现旅客吞吐量 4 000 万人次,其中国际旅客吞吐量超 300 万人次。

“公交都市”建设扎实推进。主城区公交优先道突破 100 km,新增调整公交线路 101 条,公交线路数和车辆数分别突破 700 条、9 000 辆,65 岁以上老年人免费乘坐公交;轨道运营里程达到 313 km、日均载客量超过 230 万人次,公交与轨道衔接不断加强;北站与西站之间开行公交化列车;区县城区公交加快发展,巴南区实现公交全域覆盖,涪陵、永川城乡交通一体化试点初见成效。

交通颜值形象加快改善。整治餐饮船舶 138 艘;完成高速公路 26 座隧道照明、6 对服务区、30 个收费站和路域环境等品质提升;更新出租车外观内饰 2 000 辆,完成 2 号线、3 号线轨道车厢和长江索道轿厢外观美化;绿色交通建设有序实施,完成 23 座码头和 39 艘趸船污水处理设施改造;投用 7 座码头岸基供电设施和 37 个高速公路服务区充电桩;淘汰老旧客货柴油车 7 000 多辆;建成三峡船型 148 艘。

智慧交通服务不断优化。交通云平台和综合执法管理服务平台建成投用,主城所有公交车、1.3 万辆出租车和 135 个高速公路收费站实现移动支付,高速公路 ETC 收费站实现全覆盖,用户达到 145 万户。

重庆交通运输业发展主要表现在以下两个方面。

1. 交通基础设施逐步完善

2006—2017 年重庆市部分交通基础设施见表 3-4,2017 年重庆市综合交通现状如图 3-3 所示。其中,2017 年重庆市城市公共营运汽车线路网长度为 18 836 km,较 2006 年的 2 891 km 增加了 15 445 km,增加超过 5 倍;2017 年重庆市等级公路长度为 122 758 km,相比 2006 年的 41 885 km 增长了近两倍;2017 年重庆市铁路营运里程为 2 371 km,较 2006 年的 1 262 km 增长了 87.88%;内河航道里程在稳定中也有微小幅度的增长;与重庆正班通航的城市也由 2006 年的 58 个增长到了 2017 年的 202 个,增长了近 2.5 倍。

2017 年,交通改革发展稳定等工作扎实推进。一是交通固定资产投资力度呈现新高,全年交通完成投资 831 亿元,同比增长 12.3%,占重庆市全市基础设施建设总投资的 14.7%。二是重点项目建设全面提速,郑万高铁等续建项目加快建设,在建规模达 1 000 km;新建成渝北至广安等 4 个高速公路项目 205 km,8 个续建项目超 600 多公里有序实施,4 个新建项目超 200 km 如期开工,在建规模接近 900 km;朝天门至涪陵段航道炸礁二期进展顺利,果园港铁水联运接驳改造基本完成;江北国际机场 T3A 航站楼和第三跑道正式投入运营。

由此可见,2006—2017 年重庆市在积极发展交通运输业,交通基础设施的建设更加迅速,交通网络更加发达,并逐步完善,市内城市交通出行更加便捷,区县与区县、市内与市外的交通通达性更强,出行方式更加多样化、方便快捷化。

表 3-4　重庆市 2006—2017 年交通基础设施情况

年份/年	城市公共营运汽车线路网/km	等级公路/km	公路桥梁数/座	铁路营运里程/km	内河航道里程/km	与重庆正班通航城市/个
2006	2 891	4 1885	8 567	1 262	4 337	58
2007	3 280	49 958	8 861	1 257	4 337	65
2008	3 510	58 978	9 021	1 258	4 337	69
2009	3 896	70 213	9333	1 285	4 337	73
2010	11 183	80 006	9722	1 396	4 451	82
2011	8 880	83 614	9 796	1 386	4 451	98

续表

年份/年	城市公共营运汽车线路网/km	等级公路/km	公路桥梁数/座	铁路营运里程/km	内河航道里程/km	与重庆正班通航城市/个
2012	8 828	86 810	9 819	1 452	4 451	120
2013	19 574	90 358	10 153	1 680	4 451	130
2014	14 986	98 680	10 238	1 774	4 451	147
2015	15 750	111 875	11 600	1 929	4 451	172
2016	16 761	116 149	11101	2 231	4 472	180
2017	18 336	122 758	11 503	2 371	4 472	202

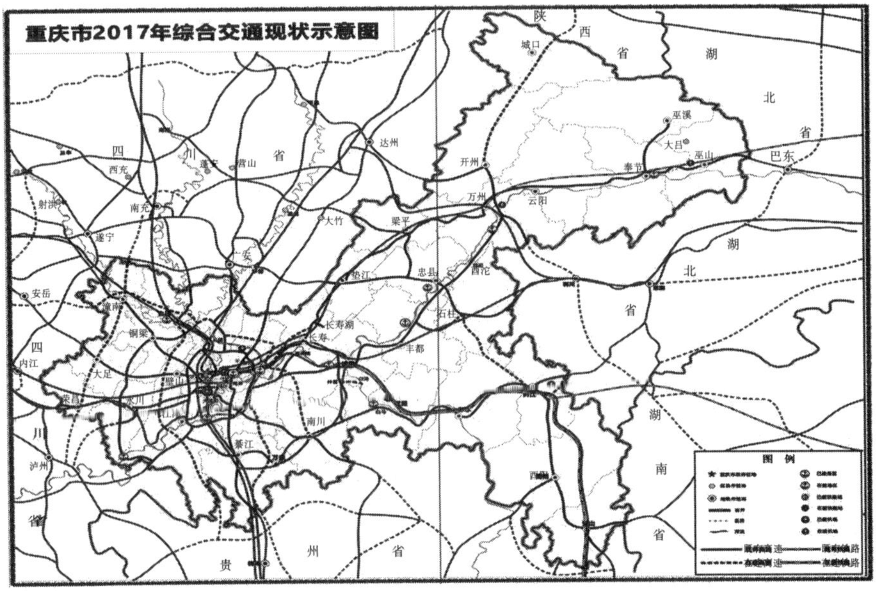

图 3-3　重庆市 2017 年综合交通现状示意图

本图片来源:《重庆交通年鉴 2018》

2. 运输服务能力稳步提升

2017 年,全年全社会完成客运量约 6. 33 亿人,较 2016 年下降 0. 6% ,较 2006 年增长 3. 38%。其中,铁路完成客运量 6 349. 24 万人,公路完成客运量 5. 33 亿人,水路完成客运量 865. 61 万人,民航完成客运量 2 776. 16 万人,同比分别增长 29. 3% 、下降 4. 1% 、增长 15. 4% 、增长 13. 4% ,较 2006 年分别增长 357. 43% 、下降 8. 37% 、下降 60. 91% 、增长 1 056. 73% ,四种方式占比为 10. 03 : 84. 22 : 1. 37 : 4. 39。全社会完成旅客周转量 869. 79 亿人公里,较 2016 年增长 4. 3% ,较 2006 年增长 188. 42%。其中,铁路完成旅客周转量 196. 96 亿人公里,公路完成旅客周转量 289. 54 亿人公里,水路完成旅客周转量 5. 68 亿人公里,民航完成旅客周转量 377. 61 亿人公里,同比分别增长 22. 9% 、下降 14. 0% 、增长 11. 4% 、增长 13. 8% ,较 2006 年分别增长 338. 37% 、增长 36. 25% 、下降 50. 78% 、增长 1 058. 667% ,四种方式占比为 22. 64 :33. 29 :0. 65 : 43. 41。全市旅客运输中,公路运输的主导地位仍然保持,但下降态势明显,具体见表 3-5。

表 3-5 重庆市 2006—2017 年交通客运量及旅客周转量

年份/年	客运量/万人				旅客周转量/亿人公里			
	铁路	公路	水路	民航	铁路	公路	水路	民航
2006	1 388	58 179	1 421	240	44. 93	212. 51	11. 54	32. 59
2007	2 170. 8	73 316	1 366. 06	334. 06	73. 82	262. 97	12. 63	44. 47
2008	2 472. 4	102 680	1 578	460. 87	90. 63	280. 44	9. 99	61. 96
2009	2 602. 9	110 150	1 226. 38	618. 63	93. 28	301. 33	10. 36	76. 47
2010	2 663. 21	122125	1 277	738. 77	95. 11	351. 03	10. 21	93. 42
2011	2 933. 28	136 142	1 321. 92	1 101. 68	116. 02	408. 91	11. 07	144. 83
2012	3 040. 33	152 249	1 256	1 255. 08	110. 93	470. 63	11. 32	162. 52

续表

年份/年	客运量/万人				旅客周转量/亿人公里			
	铁路	公路	水路	民航	铁路	公路	水路	民航
2013	3 251.43	61 243	689.26	1 461.43	119.8	333.27	7.26	191.67
2014	4 056.7	63 630	712.13	1 657.25	142.34	352.58	7.57	223.31
2015	3 993.6	57 556	732.03	1 882.23	151.03	376.45	6.08	260.48
2016	4 911	55 594	750	2 147	160.22	336.75	5.1	302.74
2017	6 349.24	53 307	865.61	2 776.16	196.96	289.54	5.68	377.61

从四种客运方式的比例变化可以看出，2006—2017 年，重庆市一直致力于加快运输结构调整和发展方式转变，由 2006 年公路运输占比为 95% 以上的主导转变成 2017 年的公路运输占比 84% 的主导，公路运输处于相对稳定的主导状态，但主导力在逐年下降，而铁路、民航运输在持续增长，全市交通运输服务能力实现稳步提升。

三、制约重庆旅游业发展的交通因素

制约重庆旅游业发展的交通因素主要包括以下三个方面。

1. 旅游交通基础设施及配套不健全

旅游交通基础设施及配套不健全主要表现为：

（1）高铁发展相对滞后

截至 2019 年底，全国高铁营运里程已达到 2.5 万 km，而重庆境内高铁运营里程仅 356 km，重庆建成通车的有成渝高速铁路和渝万高速铁路，规划或在建的有渝昆高速铁路、渝湘高速铁路、渝西高速铁路和沿江高速铁路，由于并没有打通向北、向东、向南等方向的通道，高速铁路发展现状只能改善成渝城市群甚至重庆内部的通达性，而无法融入全国高铁网，使重庆缺乏与周边多个城市群之间直接的高铁联系，外部通达性较差，严重制约了重庆旅游业的发展。

（2）长江三峡沿线旅游码头建设落后

重庆至宜昌的长江三峡沿线重庆段可供游轮停靠的码头有 8 个，但这些游轮码头基本上是按交通客运码头标准设计修建的，泊位一般为 1 000 ~ 3 000 吨级，与游轮的发展极不相符，码头的游客吞吐量小、形象差、水陆对接转换不便，现有沿江码头的功能结构不合理，码头的基础设施较差，服务设施不配套，专业化的游轮旅游码头缺乏，游轮母港更是空白。

（3）国际旅游直飞包机航线不够

国际航线的开通政策扶持精准度不够，相关部门之间的协同性不够，导致重庆的国际航线不多。截至 2019 年 11 月底，尽管重庆机场已累计开通国际（地区）客运航线 73 条，但真正的国际旅游直飞包机航线仅有 8 条，主要集中在东南亚和东亚国家或地区。旅游的国际通达性较差，导致重庆旅游的国际化程度低，也影响了国际知名旅游目的地的打造。

（4）旅游交通集散能力不足

旅游集散体系不完善，主城—区县—旅游区（景区）三级集散体系未能形成，尤其是主城区至今没有一个市级层面的，有一定规模、功能完善的旅游集散中心；“城景通”“景景通”严重滞后，旅游直通车、旅游公交专线等线路与班次严重不足，城区内诸多“网红景点”的交通通达能力较差，尤其是乡村道路普遍达不到旅游道路等级要求，“最后一公里问题”比较突出，导致旅游交通集散能力不足。

2. 旅游交通服务品质不高

旅游交通服务品质不高首先表现在旅游交通服务体系不完善，旅游集散体系、自驾游服务体系和旅游交通信息服务体系等子系统尚未完善。其次是旅游交通服务细节如设施配备的舒适性、产品及活动内容的丰富性、人员服务的标准化等细节尚待提高。

3. 交通与旅游未能实现真正融合

截至 2019 年底，重庆交通与旅游未能实现真正的融合，交通与旅游的融合还处于较低的发展时期。主要原因在于，缺乏统一的统筹协调系统，没有统一的统筹协调机构、机制；交通与旅游只是简单的功能组合，比如“交通+景区”的旅游直通车，但这种旅游直通车是利用客运班线开通的旅游直通车，不能直接进入景区游客中心，也就是说不能实现真正的点对点的空间位移，且无论是其设施设备还是旅游服务都存在标准不高、精细不够、游客体验性太差等缺点，导致产品缺乏竞争力；此外，交通行业内部各企业各自为政，且相互同质化竞争；交通场站、码头、班线、航线、愉客行等资源未能实现有效整合；主题鲜明、特色突出的交通旅游产品特别是交通旅游综合体项目还相对缺乏。

从重庆交通运输行业企业的交旅融合实践中也暴露出一系列问题。

第一，缺乏整合力。一方面，虽然重庆市各旅游集散中心都隶属于重庆交通运输控股（集团）有限公司，但各旅游集散中心及分中心都隶属于运业公司、渝运公司、长运公司、公运公司、万运公司等不同的二级公司，各二级公司独立经营，缺乏合作，部分片区还存在不同集散中心恶性竞争现象；另一方面，各二级公司旗下都有自己的旅行社、场站、旅游门店、饭店等旅游产业，在经营过程中习惯于各自为政，自产自销现象严重，缺乏各企业之间的协同合作的意识和理念。

第二，旅游产品缺乏创新性。各旅游集散中心推出的大多数线路及直通车的开发都是以重庆市几个知名的旅游景点为目的地进行规划的，与其他旅行社设计的旅游线路服务产品没有明显差异，导致各旅游集散中心竞争激烈，缺乏创新性。在各旅游集散中心旅游板块的经营上，虽然各公司都有属于自身的旅行社和酒店品牌，但各自旗下的公司以中小型企业为主，旅游企业规模较小，缺乏专业的旅游产品设计团队及人才，难以对区域资源进行整合，缺乏品牌效应，竞争力不强。现有开发运营的旅游产品多为初级观光产品，浏览内容较为单一，历史、文化等方面的知识含量较少，导致旅游设施配套和服务档次不高，城市文化娱乐项目配套分布不均,缺乏有吸引力、能留人、能增加附加值、品牌知名度高的旅游特色产品和精品。

第三,资源闲置较为严重。一方面是线路资源未充分利用,贯通性较差。由于地方线路保护主义以及旅游公司缺乏和地方政府、其他企业的有效沟通与合作,因此直通车的通行受阻,旅游班线的"最后一公里"难以打通,使得旅游集散中心的线路资源不能得到充分利用,也使游客的体验感较低,满意度不高。加上重庆地区江河密布,在道路及交通方面,水、陆、公、铁接驳存在断档现象,游客的连续性体验较低。另一方面是场站资源闲置较多,车辆资源浪费严重。集团在重庆主城区拥有 10 个汽车场站,各场站的空闲建筑面积共计多达上万平方米,这主要是因为部分场站的地理位置较偏僻,周边环境也较差,尤其是双凤桥空港旅游集散中心以及龙洲湾旅游集散分中心,其销售力度的严重不足导致建筑闲置、招商困难。由于各场站属于不同的二级运输集团经营管理,所以各场站之间旅游信息难以实现共享,再加上缺乏相关的宣传与路牌引导,使得游客不容易找到集散中心发车地点。

第四,集散网络平台存在内容单一、重复建设状况。旅游集散中心的销售与运营主要采用了线上与线下相结合的方式,重庆旅游集散中心最大的线上网络销售平台是交运集团建立的"愉客行",是一个旅游集散中心及分中心都应用的平台。"愉客行"的内容虽然涉及了票务订购、租车服务、旅游直通车等多个方面,但其在旅游内容建设、供应商洽谈、游客 BBS 建设、品牌知名度、购车票平台的认知度等方面还需要进一步完善。再加上除了"愉客行"网上运营平台外,各旅游集散中心分别建立了"重庆交通旅游网""渝快行""爱上乐途""爱游73"等自有网络平台。各网络销售平台产品与销售内容相互重叠,造成了旅游集散中心的网络平台销售产品混乱,从而不能在游客心中形成属于旅游集散中心的统一品牌,严重影响了旅游集散中心网络平台的知名度,不利于企业的长远发展。

第三节　重庆旅游业与交通运输业发展水平

一、重庆旅游业与交通运输业发展水平测度

1. 测度指标体系的构建

(1)指标体系构建的原则

指标构造是进行原始数据采集的前提条件,同时也是为相对顺利地开展实证分析做铺垫。由于旅游业与交通运输业均属于国民经济中相当复杂的系统,需要建立能全面综合反映两大产业发展情况的指标体系,才能可行且科学地进行后续实证研究,因此建立指标体系时需要遵循以下原则。

科学性与系统性原则——在选取旅游业与交通运输业两大产业各自的指标时,运用科学的方法,结合大量文献分析,构建基本化、系统化、层次化、逻辑化的能反映产业内在和基本特征的指标体系,同时要避免指标重叠。

可获性与实用性原则——在选取旅游业与交通运输业两大产业各自的指标时,对于符合理论但在实际中数据很难获取的指标,应当不予考虑或选取其他相近的、能替代的指标,同时选取的指标力求精练,含义清晰明确,便于应用操作,具有实用性。

代表性与可比性原则——在构建旅游业与交通运输业两大产业各自的指标体系时,由于产业的复杂性,每个层面都可能会有很多指标,这时就需要尽可能选取反映产业情况目标层中最具代表性、最有针对性的指标,同时需要考虑指标测量范围及口径的一致性,便于比较和分析。

(2)评价指标的选取

旅游业与交通运输业既相互独立又不可分割,两者之间同样存在着天然的耦合互动关系。基于对两产业耦合机理的分析,立足于旅游业和交通运输业耦

合协调本身，并结合重庆市旅游业和交通运输业的发展状况，在阅读国内外文献中学者曾经引用过的代表旅游业与交通运输业的指标，以及国内的统计指标之后，参考余菲菲等（2015）、吴寒等（2019）的指标选取方式，同时根据上述评价指标体系构建的原则，建构了旅游业与交通运输业两大系统综合评价指标体系。

旅游业系统综合评价指标体系包括：旅游收入占 GDP 比重（%）、旅游收入（亿元）、接待国内游客量（万人次）、旅游外汇收入（万美元）、接待入境游客量（万人次）、星级饭店数量（家）、旅行社数量（家）、A 级景区数量（家）、住宿和餐饮业企业法人单位数量（家）等 9 项。

交通运输业系统综合评价指标体系包括：城市公共汽车运营车数量（辆）、公路线路里程（公里）、铁路营运里程（公里）、内河航道里程（公里）、与重庆正班通航城市数量（个）、铁路客运量（万人次）、公路客运量（万人次）、水路客运量（万人次）、民航客运量（万人次）、旅客周转总量（亿人公里）、交通运输业企业法人单位数量（家）等 11 项。

2. 旅游业与交通运输业发展水平测度

（1）数据来源

在本研究的所有数据中，重庆市全市层面的旅游业与交通运输业相关数据来源于《重庆统计年鉴（2007—2018）》；重庆市 38 个区县旅游业相关数据来源于《重庆统计年鉴（2007—2018）》以及 38 个区县各年国民经济与社会公报；重庆市 38 个区县交通运输业相关数据来源于《重庆统计年鉴（2007—2018）》、重庆市 38 个区县各年国民经济与社会公报、《重庆交通年鉴 2018》。

（2）测度方法

熵值法是一种能对指标实现客观赋权的方法。采用熵值法对指标进行赋权能够反映指标信息熵值的效用价值。由于是根据各项指标数据所提供的信息大小来确定其权重的，因此有效地避免了人为因素的影响，故所得指标权重更具有客观性。

①指标数据无量纲化处理。

由于各指标数据存在着量纲差异,因此需要对各指标进行无量纲化的标准处理。假定某地区第 i 年第 j 个指标数据为 x_{ij},设定此指标的最大值和最小值分别为 x_{max} 和 x_{min}。为了避免后续取对数计算中出现无意义的情况,即避免标准化后可能出现"0"值,所以将标准化后的全部数据加 0.01,最后得到标准化值 x'_{ij}[(式 3.1)],其中 $i=2006,2007,\cdots,2017$,表示年份序号;$j=1,2,\cdots,m$,表示指标序号,下同。

$$x'_{ij}=\frac{x_{ij}-x_{min}}{x_{max}-x_{min}}+0.01 \tag{3.1}$$

②指标权重的计算。

第 i 年第 j 项指标占该指标的比重为:

$$p_{ij}=\frac{x'_{ij}}{\sum_{i=2006}^{2017}x'_{ij}} \tag{3.2}$$

第 j 项指标的信息熵为:

$$e_j=-\frac{1}{\ln m}\sum_{i=2006}^{2017}(p_{ij}\times\ln p_{ij}) \tag{3.3}$$

第 j 项指标的效用值为:

$$d_j=1-e_j \tag{3.4}$$

第 j 项指标的权重为:

$$w_j=\frac{d_j}{\sum_{j=1}^{m}d_j} \tag{3.5}$$

利用所得数据以及熵值法计算得到指标体系的权重,见表 3-6。

③计算发展度。

旅游业综合评价函数为:

$$T(x)=\sum_{j=1}^{m}w_x x'_{ij} \tag{3.6}$$

交通运输业综合评价函数为:

$$R(y)=\sum_{j=1}^{m} w_y y'_{ij} \tag{3.7}$$

表 3-6 指标体系的权重

子系统	指标	单位	权重	类型
旅游业系统	旅游收入占 GDP 比重	%	0.092	+
	旅游收入	亿元	0.125	+
	接待国内游客量	万人次	0.114	+
	旅游外汇收入	万美元	0.114	+
	接待入境游客量	万人次	0.111	+
	星级饭店数量	家	0.092	+
	旅行社数量	家	0.071	+
	A 级景区数量	家	0.118	+
	住宿和餐饮业企业法人单位数量	家	0.164	+
交通运输业系统	城市公共汽车运营车数量	辆	0.106	+
	公路线路里程	km	0.065	+
	铁路营运里程	km	0.146	+
	内河航道里程	km	0.100	+
	与重庆正班通航城市数量	个	0.093	+
	铁路客运量	万人次	0.057	+
	公路客运量	万人次	0.132	+
	水路客运量	万人次	0.092	+
	民航客运量	万人次	0.083	+
	旅客周转总量	亿人公里	0.049	+
	交通运输业企业法人单位数量	家	0.078	+

在式(3.6)、式(3.7)中，m 表示旅游业与交通运输业系统中的指标个数，w_x、w_y 分别表示旅游业与交通运输业指标的权重，x'_{ij}、y'_{ij}表示经过无量纲化

处理后的旅游业和交通运输业的值。

④旅游业与交通运输业发展模式。

旅游业与交通运输业之间的发展主要有以下三种模式,即交通旅游同步发展模式、旅游滞后交通模式以及交通滞后旅游模式,其中同步发展模式具体又可分为高等和低等两种同步发展模式。

旅游业与交通运输业发展模式的判断可以基于交通运输业综合评价函数值 $R(y)$ 与旅游业综合评价函数值 $T(x)$ 的大小比较来确定,即当 $T(x) < R(y)$ 时,两大产业之间的发展处于旅游滞后交通模式;当 $T(x) = R(y)$ 时,两大产业之间的发展处于同步发展模式,这种状态下为交通旅游协调发展模式,这里仅代表旅游业与交通运输业的发展处于同一相对水平上;当 $T(x) > R(y)$ 时,两大产业之间的发展处于交通滞后旅游模式。

二、重庆旅游业与交通运输业发展水平分析

1.重庆市旅游业与交通运输业总体发展水平

运用熵值法,通过 MATLAB 软件分别计算重庆市 2006—2017 年旅游业与交通运输业综合评价函数值及增长率,相应结果如表 3-7 和图 3-4 所示。

表 3-7　重庆市 2006—2017 年旅游业与交通运输业综合评价函数值及增长率

年份	旅游业		交通运输业		发展模式
	综合评价函数值 $T(x)$	增长率/%	综合评价函数值 $R(y)$	增长率/%	
2006	0.010 00	—	0.109 29	—	旅游滞后交通模式
2007	0.071 56	615.59	0.166 37	52.23	旅游滞后交通模式
2008	0.145 49	103.32	0.259 35	55.89	旅游滞后交通模式
2009	0.255 35	75.51	0.234 35	-9.64	交通滞后旅游模式
2010	0.309 96	21.39	0.373 57	59.40	旅游滞后交通模式

续表

年份	旅游业		交通运输业		发展模式
	综合评价函数值 $T(x)$	增长率/%	综合评价函数值 $R(y)$	增长率/%	
2011	0.410 57	32.46	0.443 59	18.74	旅游滞后交通模式
2012	0.532 54	29.71	0.502 80	13.35	交通滞后旅游模式
2013	0.573 17	7.63	0.437 55	-12.98	交通滞后旅游模式
2014	0.646 93	12.87	0.506 71	15.81	交通滞后旅游模式
2015	0.712 30	10.11	0.585 00	15.45	交通滞后旅游模式
2016	0.803 28	12.77	0.685 09	17.11	交通滞后旅游模式
2017	0.922 41	14.83	0.804 35	17.41	交通滞后旅游模式

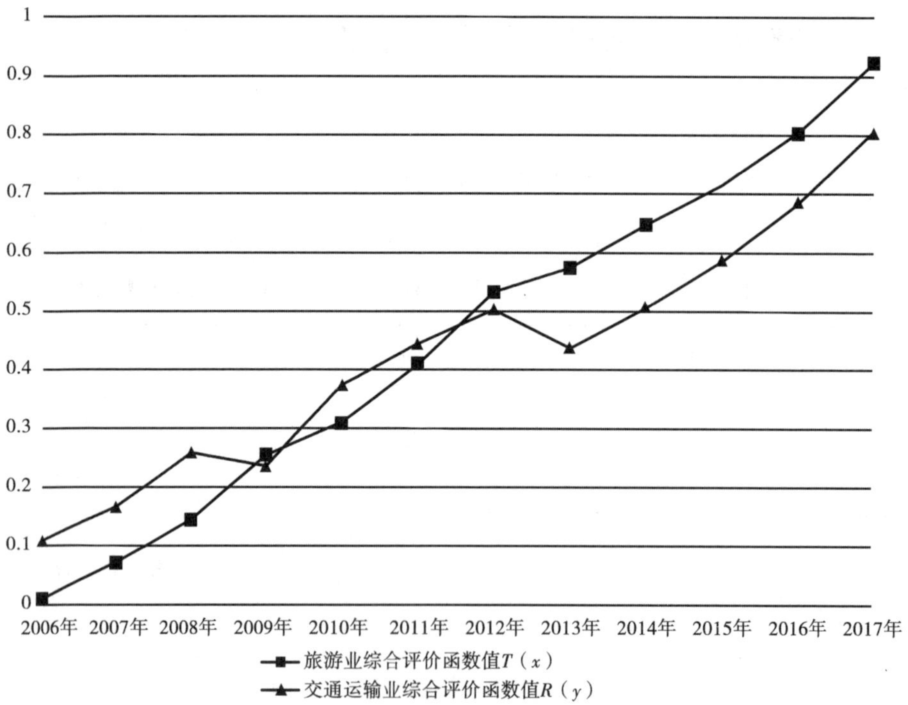

图 3-4 重庆市 2006—2017 年旅游业与交通运输业综合评价函数值趋势图

从表 3-7 和图 3-4 可以看到,2006—2017 年重庆市旅游业与交通运输业综合发展水平都得到了很大幅度的提升,说明重庆市的旅游业与交通运输业得到了比较良好的发展,旅游业与交通运输业的产业发展实力逐年增强,到 2017 年,旅游业与交通运输业的综合函数评价值都超过了 0.8,说明两大产业的发展水平较高。

从旅游业综合评价函数值 $T(x)$ 的时序变化来看,旅游业综合评价函数值从 2006 年的 0.01 上升到 2017 年的 0.922 41,增长超过 91 倍,这说明重庆市旅游业的发展水平呈现出快速上升的趋势,呈现出良好的发展势态。从交通运输业综合评价函数值 $R(y)$ 的时序变化来看,交通运输业综合评价函数值从 2006 年的 0.109 29 上升到 2017 年的 0.804 35,增长了 6 倍以上,这说明重庆市的交通运输业发展稳步推进,保持着较好的发展势态。

通过比较重庆市 2006—2017 年的旅游业与交通运输业综合评价函数值的相对大小,可以看出,2006—2008 年的旅游业综合评价函数值相对较低,表明此时间段内两产业中发展较差的是旅游业,发展模式是旅游滞后交通模式;2009 年的交通运输业综合评价函数值相对较低,表明 2009 年两产业中发展较差的是交通运输业,发展模式是交通滞后旅游模式;2010—2011 年的旅游业综合评价函数值均相对较低,表明此时间段内两产业中发展较差的是旅游业,发展模式是旅游滞后交通模式;2012—2017 年的交通运输业综合评价函数值相对较低,表明此时间段内两产业中发展较差的是交通运输业,发展模式是交通滞后旅游模式。由表 3-7 可知,发展模式是交通滞后旅游模式的占比为 58.33%,而旅游滞后交通模式的占比为 41.67%,说明在 2006—2017 年期间,重庆市的旅游业发展势头迅猛,交通运输业的发展速度相对落后但仍能稳扎稳进。

通过对历年重庆市旅游业与交通运输业综合评价函数值增长势态比较来看, 2006—2017 年重庆市旅游业综合评价函数值增长速度均为止,而交通运输业综合评价函数值在 2009 年和 2013 年的增长速度为负,其他年份的增长速度为正。同时可以看出 2006—2009 年、2011—2013 年重庆市旅游业综合评价函数值增长速度均高于交通运输业综合评价函数值增长速度；2010 年、2014—2017 年重庆市旅游业综合评价函数值增长速度均低于交通运输业综合评价函数值增长速度。重庆市旅游业综合评价函数值在 2006—2017 年的绝对增长值为 0.912 41，年均增长率为 50.879%，而交通运输业综合评价函数值在 2006—2017 年的绝对增长值为 0.695 06，年均增长率为 19.896%，无论是产业综合评价函数值的绝对增长量还是年均增长率，旅游业均超过了交通运输业，说明在此期间重庆市的旅游产业在蓬勃发展，交通运输业也在稳中求进。

2. 重庆市各区县旅游业与交通运输业发展水平

运用前面已经建立好的指标体系即权重，结合重庆市各区县的相关指标数据，计算出重庆市 38 个区县 2017 年旅游业与交通运输业综合评价函数值，结果见表 3-8。

表 3-8　重庆市 2017 年 38 个区县旅游业与交通运输业综合评价值及排名

地区		旅游业		交通运输业		发展模式
		综合评价函数值 $T(x)$	排名/名	综合评价函数值 $R(y)$	排名/名	
主城区	大渡口区	0.049 37	38	0.112 54	36	旅游滞后交通模式
	江北区	0.345 74	8	0.220 44	13	交通滞后旅游模式
	沙坪坝区	0.326 04	9	0.249 82	9	交通滞后旅游模式
	九龙坡区	0.420 71	2	0.255 77	8	交通滞后旅游模式
	南岸区	0.395 86	4	0.164 29	26	交通滞后旅游模式
	北碚区	0.211 63	22	0.193 08	18	交通滞后旅游模式
	渝北区	0.385 23	5	0.650 71	1	旅游滞后交通模式
	巴南区	0.306 59	12	0.187 75	19	交通滞后旅游模式
	渝中区	0.845 54	1	0.175 32	23	交通滞后旅游模式

续表

地区		旅游业		交通运输业		发展模式
		综合评价函数值 $T(x)$	排名/名	综合评价函数值 $R(y)$	排名/名	
渝西地区	綦江区	0.359 46	6	0.407 25	2	旅游滞后交通模式
	大足区	0.254 79	16	0.169 58	24	交通滞后旅游模式
	江津区	0.350 39	7	0.329 22	6	交通滞后旅游模式
	合川区	0.100 51	33	0.401 16	4	旅游滞后交通模式
	永川区	0.240 77	18	0.179 72	22	交通滞后旅游模式
	涪陵区	0.302 13	13	0.376 22	5	旅游滞后交通模式
	长寿区	0.148 97	28	0.208 50	16	旅游滞后交通模式
	南川区	0.321 38	11	0.125 60	34	交通滞后旅游模式
	璧山区	0.153 07	27	0.196 25	17	旅游滞后交通模式
	铜梁区	0.223 25	20	0.183 39	21	交通滞后旅游模式
	潼南区	0.126 49	31	0.242 04	10	旅游滞后交通模式
	荣昌区	0.069 93	36	0.265 40	7	旅游滞后交通模式
渝东北地区	万州区	0.324 43	10	0.405 43	3	交通滞后旅游模式
	开州区	0.279 35	14	0.129 40	31	交通滞后旅游模式
	梁平区	0.072 61	35	0.126 94	33	旅游滞后交通模式
	城口县	0.125 38	32	0.046 44	38	交通滞后旅游模式
	丰都县	0.212 79	21	0.219 97	14	旅游滞后交通模式
	垫江县	0.064 54	37	0.145 31	29	旅游滞后交通模式
	忠县	0.087 90	34	0.141 88	30	旅游滞后交通模式
	云阳县	0.167 84	26	0.186 92	20	旅游滞后交通模式
	奉节县	0.185 53	24	0.232 84	11	旅游滞后交通模式

续表

地区		旅游业		交通运输业		发展模式
		综合评价函数值 $T(x)$	排名/名	综合评价函数值 $R(y)$	排名/名	
东北地区	巫山县	0.196 42	23	0.209 40	15	旅游滞后交通模式
	巫溪县	0.135 87	30	0.081 91	37	交通滞后旅游模式
渝东南地区	黔江区	0.22 720	19	0.155 00	27	交通滞后旅游模式
	武隆区	0.396 98	3	0.153 93	28	交通滞后旅游模式
	石柱土家族自治县	0.168 63	25	0.121 07	35	交通滞后旅游模式
	秀山土家族苗族自治县	0.140 83	29	0.127 77	32	交通滞后旅游模式
	酉阳土家族苗族自治县	0.250 91	17	0.166 84	25	交通滞后旅游模式
	彭水苗族土家族自治县	0.261 46	15	0.221 49	12	交通滞后旅游模式

通过对表 3-8 的分析，可以清晰地看到重庆市各区县旅游业与交通运输业的发展存在着地区性差异。旅游业综合评价函数值相对较高的地区主要有渝中区、九龙坡区、南岸区、渝北区等地，主要集中在重庆市主城区内；旅游业综合评价函数值相对较低的地区主要有垫江县、荣昌区、梁平区、忠县、合川区、城口县、潼南区、巫溪县等地，主要集中在渝东北地区和渝西片区。交通运输业综合评价函数值相对较高的区县主要有渝北区、綦江区、万州区、合川区等地，主要集中在主城区和渝西地区；交通运输业综合评价函数值相对较低的区县主要有城口县、巫溪县、石柱土家族自治县、梁平区、秀山土家族苗族自治县等地，主要集中在距离主城区较远的渝东北地区和渝东南地区。

细化来看，通过对比重庆市四个片区的旅游业与交通运输业综合评价函数值,可以看出旅游业和交通运输业综合评价函数值都相对较高的区县主要集中在主城区和渝西地区,旅游业和交通运输业综合评价函数值都相对较低的区县主要集中在渝东北地区和渝东南地区。在主城区中,旅游业综合评价函数值最高的区县为渝中区,最低的区县是大渡口区,平均值为0.365 19;交通运输业综合评价函数值最高的区县为渝北区,最低的区县是大渡口区,平均值为0.245 52。在渝西地区中,旅游业综合评价函数值最高的区县为綦江区,最低的区县是荣昌区,平均为0.220 93;交通运输业综合评价函数值最高区县的为綦江区,最低的区县是南川区,平均值为0.257 03。在渝东北地区中,旅游业综合评价函数值最高的区县为万州区,最低的区县是垫江县,平均值为0.168 42;交通运输业综合评价函数值最高的区县为万州区,最低的区县是城口县,平均值为0.175 13。在渝东南地区中,旅游业综合评价函数值最高的区县为武隆区,最低的区县是秀山土家族苗族自治县,平均为0.241;交通运输业综合评价函数值最高的区县为彭水苗族土家族自治县,最低的区县是石柱土家族自治县,平均值为0.157 68。就旅游业综合评价函数值平均值而言,全市旅游业综合评价函数值平均值为0.243 07,四大地区中主城区平均值最高,渝东北地区平均值最低,且只有主城区平均值高于全市平均值,这说明在全市的旅游业发展中,主城区的旅游业平均发展水平最高,渝西地区、渝东北地区、渝东南地区的旅游业平均发展水平相对较低;从交通运输业综合评价函数值平均值来看,全市各区县交通运输业综合评价函数值平均值为0.214 91,四大地区中渝西地区最高,渝东南地区最低,只有主城区和渝西地区的交通运输业综合评价函数值平均值均超过全市平均值,这说明在全市的交通运输业发展中,主城区和渝西地区的交通运输业发展水平相对较高,而渝东北地区和渝东南地区的交通运输业发展水平相比较低,交通运输业发展相对落后。

重庆市作为西南地区至关重要的城市,产业的发展拥有得天独厚的优势,而主城区又是重庆市最核心的地区,区位优势相对于其他三个地区来说更明显;同时处于渝西地区的区县距离主城区较近,其相对于渝东北地区和渝东南地区也更具有区位优势。综上所述，主城区和渝西地区的旅游业和交通运输业综合发展水平相对更高，发展相对更好，而渝东南地区和渝东北地区的旅游业和交通运输业综合发展水平相对较低，发展相对落后，两大产业均有待进一步发展。

通过对重庆市各区县旅游业和交通运输业的综合评价函数值进行比较可以得到，在主城区的 9 个区中，大渡口区和渝北区旅游业综合评价函数值低于交通运输业综合评价函数值，发展模式为旅游滞后交通模式，其他 7 个区旅游业综合评价函数值高于交通运输业综合评价函数值，发展模式属于交通滞后旅游模式；在渝西地区的 12 个区中，江津区、大足区、永川区等 5 个区的旅游业综合评价函数值高于交通运输业综合评价函数值，发展模式属于交通滞后旅游模式，其他 7 个区的旅游业综合评价函数值低于交通运输业综合评价函数值，发展模式为旅游滞后交通模式；在渝东北地区的 11 个区县中，开州区、城口县和巫溪县的旅游业综合评价函数值高于交通运输业综合评价函数值，发展模式属于交通滞后旅游模式，其他 8 个区县的旅游业综合评价函数值低于交通运输业综合评价函数值，发展模式为旅游滞后交通模式；在渝东南地区中，黔江区、武隆区等 6 个区县的旅游业综合评价函数值高于交通运输业综合评价函数值，发展模式均属于交通滞后旅游模式。总的来看，在重庆市的 38 个区县中，共有 16 个区县的发展模式为旅游滞后交通模式，表明在这些区县的产业发展中，旅游业发展落后于交通运输业；共有 22 个区县的发展模式属于交通滞后旅游模式，表明在这些区县的产业发展中，交通运输业发展落后于旅游业。

三、测度结论

通过对重庆市旅游业与交通运输业各自的发展情况进行分析，建立了对重庆市旅游业与交通运输业发展水平进行评价的评价指标体系，通过对数据进行处理，对重庆市以及重庆市 38 个区县的旅游业与交通运输业的发展水平进行了测度，并对测得的发展水平进行了分析，结果显示如下：

近年来，重庆市旅游业发展迅速，旅游经济持续快速发展，旅游收入逐年增长，2017 年达到 3 308.04 亿元；旅游市场逐步扩张，接待能力逐年增强，2017 年接待境内外游客人数超 5.4 亿人次，对外旅游吸引力越来越强。

交通运输业方面，交通基础设施逐步完善，2017 年重庆市等级公路、城市公共营运汽车线路网长度、铁路营运里程、正班通航的城市、交通投资等均达较 2006 年大幅度增长；客运结构转变较大，公路运输处于相对稳定的主导状态，但占比在逐年下降，而铁路、民航运输的占比在持续增长。

2006—2017 年，重庆市旅游业与交通运输业综合发展水平都得到了很大幅度的提升。旅游业综合评价函数值从 2006 年的 0.01 上升到 2017 年的 0.922 41，增长超过 91 倍，年均增长率为 50.879%；交通运输业综合评价函数值从 2006 年的 0.109 29 上升到 2017 年的 0.804 35，增长了 6 倍以上，年均增长率为 19.896%。两大产业的发展模式也从稳定的旅游滞后交通模式转变为稳定的交通滞后旅游模式，这说明在 2006—2017 年，重庆市的旅游业发展势头迅猛，交通运输业的发展稍微落后，但仍能稳扎稳进，但两大产业仍有巨大的发展空间，未来还需要持续向好发展。

重庆市各区县旅游业与交通运输业的发展存在着较大的地区性差异。2017 年，旅游业综合发展水平相对较高的地区主要集中在主城区，如渝中区、九龙坡区、南岸区、渝北区等，旅游业综合发展水平相对较低的地区主要集中在渝东北地区和渝西地区，如荣昌区、梁平区、忠县、合川区、城口县、潼南区、巫溪县等；交通运输业综合发展水平相对较高的区县主要集中在主城区和渝西地区，如渝北区、綦江区、合川区等，交通运输业综合发展水平相对较低的区县主要集中在距离主城区较远的渝东北地区和渝东南地区，如城口县、巫溪县、石柱土家族自治县、梁平区、秀山土家族苗族自治县等。

在重庆市 38 个区县中，共有 16 个区县的发展模式为旅游滞后交通模式，共有 22 个区县的发展模式属于交通滞后旅游模式。其中，主城区超过一半的区县的发展模式属于交通滞后旅游模式，在渝西地区中超过一半的区县的发展模式为旅游滞后交通模式，在渝东北地区中超过一半的区县的发展模式为旅游滞后交通模式，在渝东南地区中所有区县的发展模式均属交通滞后旅游模式。

总体来看，重庆市各区县两大产业的综合评价函数值均处于相对较低的水平，表明重庆市各区县两大产业的发展水平均不高，均有待进一步发展。

第四章

4 重庆交通运输与旅游融合发展水平测度

第一节　交通运输与旅游融合发展测度模型与方法

一、耦合度模型

旅游业与交通运输业融合是两大产业之间相互作用、相互影响，最终协调发展的结果。耦合度模型便是描述这种相互影响、相互作用程度的模型，主要用于评价复合系统之间的相互关系，近年来开始逐渐被普遍应用到衡量产业融合度的研究中。耦合是指两个或两个以上产业在运行过程中，由于要素、运行机制等关键因素之间的关联性和相互作用，彼此之间相互联合、相互影响，最终实现产业间各要素紧密配合、相互依赖的局面。旅游业与交通运输业的融合发展机理拟合了这种耦合原理，从资源到市场、从人才需求到运行机制，各要素、各环节均存在千丝万缕的联系，这也是两大产业能够产生新兴融合业态的前提条件。

本研究通过耦合度模型来测度重庆市以及重庆市 38 个区县的旅游业与交通运输业融合发展水平，从而对旅游业与交通运输业的关系进行研究。

设变量 μ_i（$i=1,2,3,\cdots,m$），μ_j（$j=1,2,3,\cdots,n$）表示系统内行业个数，当 $n \geqslant 2$ 时，n 个产业之间相互作用的耦合度模型为：

$$C_n = n\left\{\frac{\mu_1 \times \mu_2 \times \mu_3 \times \cdots \times \mu_n}{(\mu_1 + \mu_2 + \mu_3 + \cdots + \mu_n)^n}\right\}^{\frac{1}{n}} \tag{4.1}$$

为测算旅游业与交通运输业两产业间的耦合度，令 $n=2$，耦合度模型变为：

$$C_2 = 2\left\{\frac{\mu_1 \times \mu_2}{(\mu_1 + \mu_2)^2}\right\}^{\frac{1}{2}} \tag{4.2}$$

将旅游业综合评价函数 $T(x)$ 和交通运输业综合评价函数 $R(y)$ 代入式 4.2：

$$C = 2\left\{\frac{T(x)R(y)}{[T(x)+R(y)]^2}\right\}^{\frac{1}{2}} \tag{4.3}$$

在式 4.3 中，C 表示旅游业和交通运输业的耦合度，C 的数值大小可以直观反映旅游业和交通运输业两个系统的耦合程度，C 的取值范围是［0,1］。C 的数值越趋近于 1，表明两个系统的耦合性越好，反之，则说明两个系统的耦合性越差。

二、耦合协调度模型

耦合度从数值上反映两大产业相互联系、相互作用的程度，但是不能完全反映出两者之间的协同、融合程度。如果某地区两大产业融合度较高，只能反映该地区旅游产业与交通运输业联系比较紧密，但不能反映两大产业的融合程度，因此并不能完全简单地从融合度上去判别不同地区两大产业的融合发展程度。因此需基于两大产业的融合机制和耦合度模型，引入耦合协调度模型，具体为：

综合协调指数：

$$P = \alpha T(x) + \beta R(y) \tag{4.4}$$

耦合协调度：

$$D = \sqrt{C \times P} \tag{4.5}$$

在式 4.4 中，α 、β 为旅游业和交通运输业在耦合协调发展过程中的贡献系数，我们设定两产业在协调发展中的贡献一致，即设定 $\alpha = \beta = 0.5$。在式(4.5)中，用 R 来表示耦合协调度，用 C 来表示耦合度，用 P 来表示旅游业和交通运输业两个系统之间的综合评价指数。

耦合协调度表示的是两大产业之间的协同调和程度，相比于耦合度，耦合协调度更稳定、准确，能更恰当地反映两个产业系统之间的综合发展水平，能对各区域旅游业和交通运输业耦合协调发展进行研究。耦合协调度 D 的取值范围为［0,1］，从耦合协调度模型的公式可看出，耦合协调度 D 的值越趋近于 1，两大产业之间耦合协同发展程度就越好，反之则越差。为了方便比较不同区县和不同年限旅游业与交通运输业的耦合协调度，这里参考余菲菲（2015）的标准，采取均匀分布函数法将两大产业的耦合协调度指标进行等级划分，见表4-1。

表 4-1　耦合度、耦合协调度等级划分

序号	耦合度区间	耦合阶段	序号	耦合协调度区间	协调等级
1	0—0.3	低水平耦合	1	0—0.1	极度失调
			2	0.100 01—0.2	严重失调
			3	0.200 01—0.3	中度失调
2	0.300 01—0.5	颉颃阶段	4	0.300 01—0.4	轻度失调
			5	0.400 01—0.5	濒临失调
			6	0.500 01—0.6	勉强协调
3	0.500 01—0.8	磨合阶段	7	0.600 01—0.7	初级协调
			8	0.700 01—0.8	中度协调
			9	0.800 01—0.9	良好协调
4	0.800 01—1	高水平耦合	10	0.900 01—1	优质协调

三、探索性空间数据分析方法

在水平测度的研究之上，采用探索性空间数据分析方法，从空间角度对重庆市及重庆市 38 个区县的旅游业与交通运输业耦合协调度的演变过程进行分析研究。探索性空间数据分析方法是一系列空间数据分析方法的组合，是一种具有识别功能的空间统计分析方法，主要描述对象的空间分布，揭示数据的空间依赖和空间异质性，探测一些变量的空间关联性和集聚分异现象。本研究采用的是其最重要的全局空间自相关和局部空间自相关，主要应用 ArcGIS 和 GeoDa 软件对重庆市的旅游业与交通运输业进行空间相关分析。

第二节 交通运输与旅游融合发展水平测度分析

一、耦合度分析

根据耦合度公式以及前面计算得到的重庆市旅游业与交通运输业综合评价函数值，计算得到2006—2017年重庆市旅游业与交通运输业耦合度，见表4-2，历年趋势如图4-1所示。

根据表4-2可知，重庆市2006—2017年旅游业与交通运输业耦合度的平均值为0.949 82，属于高水平耦合度，从趋势图4-1中可以看出，2009—2017年耦合度的变化相对平稳，但整体来说，耦合度存在虚高的情况，耦合度并不能恰当地反映出两大产业之间的综合耦合发展水平。

表4-2 重庆市2006—2017年旅游业与交通运输业耦合度及耦合协调度

年份/年	耦合度 C	耦合阶段	综合协调指数 P	耦合协调度 D	协调等级
2006	0.554 27	磨合阶段	0.059 64	0.181 82	严重失调
2007	0.917 17	高水平耦合	0.118 96	0.330 32	轻度失调
2008	0.959 64	高水平耦合	0.202 42	0.440 74	濒临失调
2009	0.999 08	高水平耦合	0.244 85	0.494 60	濒临失调
2010	0.995 66	高水平耦合	0.341 77	0.583 34	勉强协调
2011	0.999 25	高水平耦合	0.427 08	0.653 27	初级协调
2012	0.999 59	高水平耦合	0.517 67	0.719 35	中度协调
2013	0.990 96	高水平耦合	0.505 36	0.707 67	中度协调
2014	0.992 59	高水平耦合	0.576 82	0.756 67	中度协调
2015	0.995 17	高水平耦合	0.648 65	0.803 44	良好协调
2016	0.996 84	高水平耦合	0.744 19	0.861 30	良好协调
2017	0.997 66	高水平耦合	0.863 38	0.928 09	优质协调

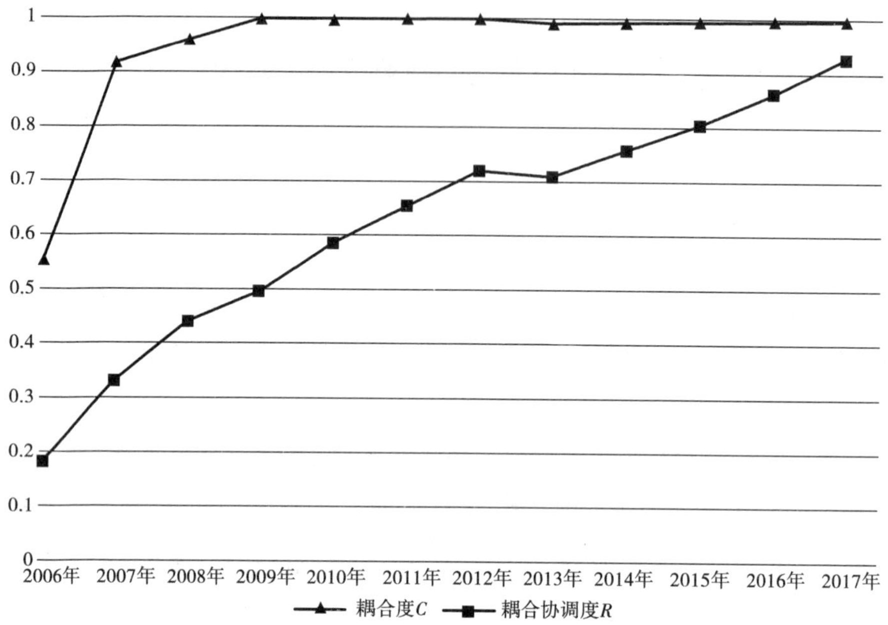

图 4-1 重庆市 2006—2017 年旅游业与交通运输业耦合度、耦合协调度趋势图

二、融合协调度分析

1. 重庆市旅游业与交通运输业耦合协调度分析

2006—2017 年重庆市旅游业与交通运输业的耦合协调度及变化趋势见表 4-2,如图 4-1 所示。

从 2006—2017 年重庆市旅游业与交通运输业的耦合协调度来看,总体呈现不断上升的趋势,这也说明 2006—2017 年重庆市旅游业与交通运输业的协调水平在逐年增强,从 2006 年的 0.181 82 上升到 2012 年的 0.719 35,即耦合协调等级从严重失调上升到中度协调;2013 年较 2012 年小幅度下降到 0.707 67,但两产业的耦合协调等级没有发生变化,然后又继续上升,2017 年这一数值达到 0.928 09,即优质协调。总体来看,2006—2017 年重庆市旅游业与交通运输业耦合协调发展可以分为两个阶段。

第一,失调阶段。2006—2009 年重庆市旅游业与交通运输业耦合协调发展处于失调阶段，旅游业与交通运输业的耦合协调度为0.2～0.5，4年间的耦合协调等级分别为严重失调、轻度失调、濒临失调、濒临失调，均属于失调阶段，协调类型为失调衰退类型。旅游业与交通运输业之间的整体耦合协调水平较低，虽然两大产业具有天然的耦合性，且耦合性非常好，但并未注重两大产业的联动、融合发展，以至于旅游业与交通运输业在处于较低的水平上相对独立地发展。旅游业的发展需要交通运输业的交通运输服务功能作为基础，这就说明交通运输业的发展能在一定程度上促进旅游业的发展，但此时交通运输业的发展处于一个相对较低的水平，对旅游业发展起到的带动、促进作用较弱。

第二，协调阶段。2010—2017年，重庆市旅游业与交通运输业耦合协调发展处于协调阶段，旅游业与交通运输业的耦合协调度为0.6～1。其中，2010年和2011年的旅游业与交通运输业的耦合协调度分别为0.583 34和0.653 27，耦合协调等级分别为勉强协调、初级协调，属于协调阶段的过渡类型。经过一两年的经济建设，以及政府在旅游业和交通运输业建设上的发力，重庆市的旅游业与交通运输业得到了一定发展，取得了一定的成就，两大产业间的耦合协调水平得到了一定的改善，耦合协调等级有一定的提高，从失调阶段跃进到了协调阶段，然而此时两大产业间的协调为过渡类型，旅游业与交通运输业之间的相互促进作用依然较弱。2012—2017年，旅游业与交通运输业的耦合协调度为0.7～1，耦合协调等级也由中度协调上升到了优质协调，属于协调阶段的协调上升类型。随着交通运输业建设的加快，在大力发展旅游业的背景下，旅游业与交通运输业均获得了不错的发展，特别是旅游业取得了优质的提升。旅游业带动交通运输业发展的能力得到了进一步提高，同时交通运输业促进旅游业发展的效果更加显著，旅游业与交通运输业之间的相互促进作用进一步增强，二者的耦合协调等级得到一定的提高，耦合协调水平逐步提升。

总之，2006—2017年重庆市旅游业与交通运输业的耦合协调度整体上呈现出不断上升的势态，耦合协调等级不断提高，耦合协调水平持续提升。

2. 重庆市各区县旅游业与交通运输业耦合协调度分析

经计算,重庆市38个区县2017年旅游业与交通运输业耦合度、耦合协调度如表4-3所示,38个区县2017年旅游业与交通运输业耦合协调等级如图4-2所示。

表4-3 重庆市38个区县2017年旅游业与交通运输业耦合度、耦合协调度

地区		耦合度 C	耦合阶段	综合协调指数 P	耦合协调度 D	协调等级
主城区	大渡口区	0.920 76	高水平耦合	0.080 95	0.273 02	中度失调
	江北区	0.975 21	高水平耦合	0.283 09	0.525 42	勉强协调
	沙坪坝区	0.991 20	高水平耦合	0.287 93	0.534 23	勉强协调
	九龙坡区	0.969 82	高水平耦合	0.338 24	0.572 74	勉强协调
	南岸区	0.910 54	高水平耦合	0.280 07	0.504 99	勉强协调
	北碚区	0.998 95	高水平耦合	0.202 35	0.449 60	濒临失调
	渝北区	0.966 61	高水平耦合	0.517 97	0.707 58	中度协调
	巴南区	0.970 67	高水平耦合	0.247 17	0.489 82	濒临失调
	渝中区	0.754 31	磨合阶段	0.510 43	0.620 50	初级协调
渝西地区	綦江区	0.998 06	高水平耦合	0.383 36	0.618 56	初级协调
	大足区	0.979 63	高水平耦合	0.212 19	0.455 92	濒临失调
	江津区	0.999 51	高水平耦合	0.339 80	0.582 78	勉强协调
	合川区	0.800 53	高水平耦合	0.250 84	0.448 11	濒临失调
	永川区	0.989 40	高水平耦合	0.210 25	0.456 09	濒临失调
	涪陵区	0.994 02	高水平耦合	0.339 17	0.580 64	勉强协调
	长寿区	0.986 03	高水平耦合	0.178 73	0.419 80	濒临失调
	南川区	0.898 97	高水平耦合	0.223 49	0.448 23	濒临失调

续表

地区		耦合度 *C*	耦合阶段	综合协调指数 *P*	耦合协调度 *D*	协调等级
主城区	璧山区	0.992 33	高水平耦合	0.174 66	0.416 32	濒临失调
	铜梁区	0.995 18	高水平耦合	0.203 32	0.449 83	濒临失调
	潼南区	0.949 57	高水平耦合	0.184 27	0.418 30	濒临失调
	荣昌区	0.812 54	高水平耦合	0.167 67	0.369 10	轻度失调
渝东北地区	万州区	0.993 82	高水平耦合	0.364 93	0.602 23	初级协调
	开州区	0.930 28	高水平耦合	0.204 37	0.436 03	濒临失调
	梁平区	0.962 22	高水平耦合	0.099 78	0.309 85	轻度失调
	城口县	0.888 20	高水平耦合	0.085 91	0.276 23	中度失调
	丰都县	0.999 86	高水平耦合	0.216 38	0.465 13	濒临失调
	垫江县	0.922 97	高水平耦合	0.104 93	0.311 20	轻度失调
	忠县	0.972 01	高水平耦合	0.114 89	0.334 18	轻度失调
	云阳县	0.998 55	高水平耦合	0.177 38	0.420 86	濒临失调
	奉节县	0.993 59	高水平耦合	0.209 18	0.455 89	濒临失调
	巫山县	0.999 49	高水平耦合	0.202 91	0.450 34	濒临失调
	巫溪县	0.968 82	高水平耦合	0.108 89	0.324 80	轻度失调
渝东南地区	黔江区	0.981 99	高水平耦合	0.191 10	0.433 20	濒临失调
	武隆区	0.897 42	高水平耦合	0.275 45	0.497 19	濒临失调
	石柱土家族自治县	0.986 43	高水平耦合	0.144 85	0.378 00	轻度失调
	秀山土家族苗族自治县	0.998 82	高水平耦合	0.134 30	0.366 26	轻度失调
	酉阳土家族苗族自治县	0.979 54	高水平耦合	0.208 87	0.452 33	濒临失调
	彭水苗族土家族自治县	0.996 57	高水平耦合	0.241 47	0.490 56	濒临失调

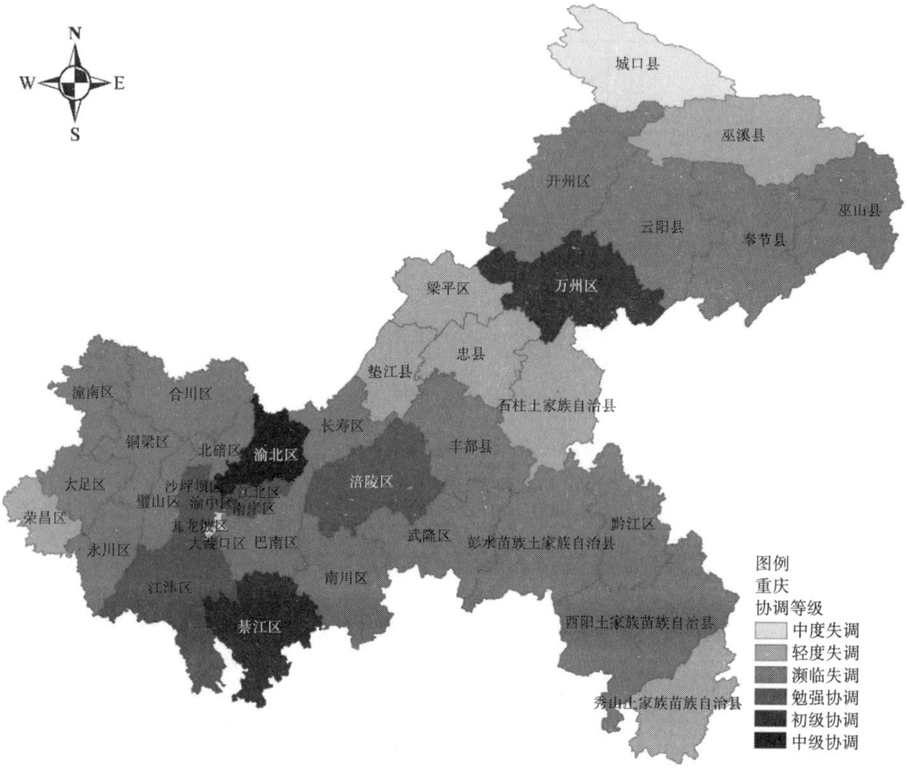

图 4-2　重庆市 38 个区县 2017 年旅游业与交通运输业耦合协调等级分布情况

通过对表 4-3 中重庆市各区县 2017 年旅游业与交通运输业耦合协调度进行分析可以看出,旅游业与交通运输业耦合协调度较高的地区主要有渝北区、渝中区、綦江区、万州区、涪陵区、江津区、九龙坡区、沙坪坝区、江北区等,主要集中在主城区和渝西地区。其中,渝北区旅游业与交通运输业耦合协调度远高于其他区县,说明渝北区作为重庆市乃至中国西南地区十分重要的交通枢纽和旅游集散地,其旅游业与交通运输业的发展相较于其他区县来说具有较大的优势,旅游业特别是交通运输业发展相对较好,两大产业的协调发展程度相对较高。

主城区如渝中区、沙坪坝区、九龙坡区等,更多的是将两大产业作为一个整体来发展,所以旅游业与交通运输业相对发展较好,协调发展程度较高。其他旅游业与交通运输业耦合协调度相对较高的区县,譬如江津区、綦江区、涪陵区等，由于在地理位置上距离主城区较近，两大产业的发展受主城区的辐射带动作用较强，因此旅游业与交通运输业也发展得相对较好，协调程度相对来说较高。

万州区身处距离主城区较远的渝东北地区，是重庆市第二大城市，同时也是整个渝东北地区的交通枢纽，其重要的交通和旅游集散地位，使得它的旅游业与交通运输业发展较好，同时旅游业与交通运输业耦合协调度远高于渝东北其他区县甚至重庆市大部分区县，这也说明两大产业的协调发展程度相对较高。旅游业与交通运输业耦合协调度较低的地区主要有城口县、梁平区、垫江县、巫溪县、忠县、石柱土家族苗族自治县、荣昌区等，主要集中在重庆市相对偏远的地区，由于距主城区较远，旅游业与交通运输业受主城区的辐射带动作用较弱，两大产业发展较差，协调程度较低。

通过对比重庆市四大地区旅游业与交通运输业的耦合协调度及协调等级，可以看到，在主城区中，旅游业与交通运输业耦合协调度最高的区县是渝北区，其协调等级为中度协调，两大产业耦合协调度最低的区县是大渡口区，其协调等级为中度失调，平均值为0.519 77。

在渝西地区中，旅游业与交通运输业耦合协调度最高的区县是綦江区，其协调等级为初级协调，两大产耦合协调度最低的区县是荣昌区，其协调等级为轻度失调，平均值为0.471 97。

在渝东北地区中，旅游业与交通运输业耦合协调度最高的区县是万州区，其协调等级为初级协调，两大产业耦合协调度最低的区县是城口县，其协调等级为中度失调，平均值为0.398 79。

在渝东南地区中，旅游业与交通运输业耦合协调度最高的区县是武隆区，其协调等级为濒临失调，两大产业耦合协调度最低的区县是秀山土家族苗族自治县，其协调等级为轻度失调，平均值为0.436 25。

分析平均水平可以得出，全市所有区县两大产业耦合协调度的平均值为0.456 47，平均协调等级为轻度失调；主城区、渝西地区、渝东北地区、渝东南地区两大产业耦合协调度的平均值分别为 0. 519 77、0. 471 97、0. 398 79、0. 436 25,平均协调等级分别为勉强协调、濒临协调、轻度失调、濒临失调。

主城 9 区中,渝北区、渝中区等 5 个区县旅游和交通运输两大产业耦合协调度超过主城区平均值,7 个区两大产业耦合协调度超过全市平均值。

渝西 12 个区县中,綦江区、江津区等 3 个区县两大产业耦合协调度超过渝西地区平均值,3 个区两大产业耦合协调度超过全市平均值。

渝东北 11 个区县中,万州区、开州区等 6 个区县两大产业耦合协调度超过渝东北地区平均值,仅有 2 个区县两大产业耦合协调度超过全市平均值。

渝东南 6 个区县中,武隆区、彭水苗族土家族自治县等 3 个区县旅游和交通运输两大产业耦合协调度超过渝东南地区平均值,仅有 2 个区县旅游和交通运输两大产业耦合协调度超过全市平均值。这说明全市各地区在发展旅游业与交通运输业中,主城区和渝西地区两大产业的协调发展水平相对较高,渝东南地区和渝东北地区两大产业的协调发展水平相对较低,旅游业与交通运输业协调发展水平有待提高。

综合上述分析可以得到,重庆市各区县 2017 年旅游业与交通运输业发展差异较大,个别区县处于较高的水平上,且主要集中在主城区。较大比例区县的旅游业与交通运输业发展仍处于相对较低的水平,且参差不齐,旅游业与交通运输业相互促进、相互带动的作用机制没有得到较好的发挥,从而使旅游业与交通运输业协调发展也处于相对较低的水平上,两大产业的发展水平均有待进一步提升,协调发展程度有待进一步提高。各区县旅游业与交通运输业协调发展程度大致呈现出以主城区为中心向外递减的趋势。

主城区两大产业协调发展水平最高,周边区县受主城区的辐射带动作用较强,因而两大产业也发展得相对较好,协调程度相对较高;处于渝东北地区和渝东南地区的区县因地理位置相对偏远,同时交通运输业发展受到这些地区大山区地理环境的限制,导致这些区县旅游地的通达性较差,旅游业与交通运输业协调发展受到相应的影响,协调程度相对较差。

三、空间自相关分析

1. 全局空间自相关分析

为了探索重庆市全市整体上旅游业与交通运输业耦合协调度的分布特征，采用全局空间自相关分析的方法，计算出 2006 年以及 2017 年重庆市两大产业耦合协调的全局 Moran I 指数，见表 4-4、图 4-3。

表 4-4　重庆市 2006 年及 2017 年旅游业与交通运输业耦合协调度全局空间自相关指数

年份/年	Moran I	Z 检验	$E(\mathrm{I})$	var(I)	p 值
2006	-0.035 84	-0.777 415	-0.027 027	0.000 129	0.436 914
2017	0.153 796	1.655 506	-0.027 027	0.011 93	0.097 822

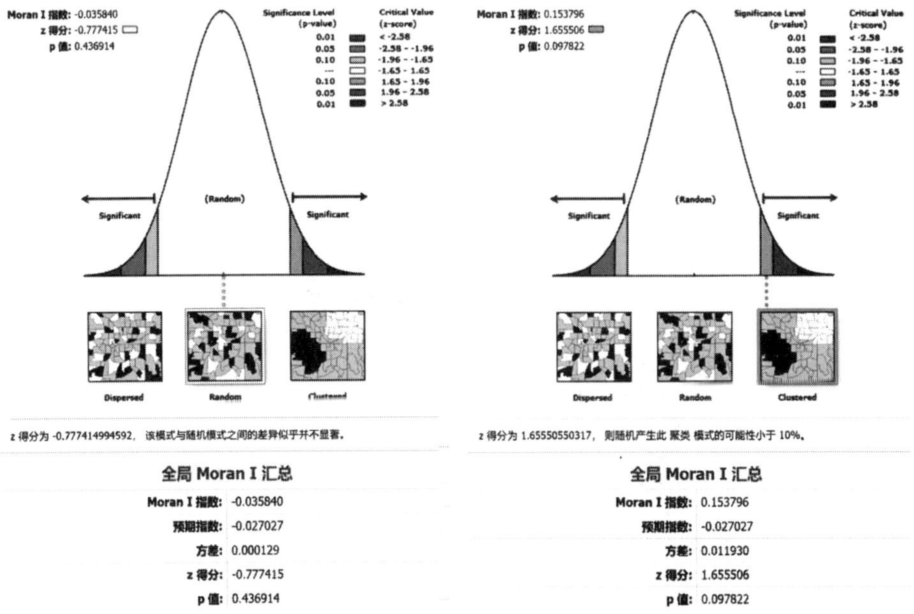

图 4-3　重庆市 2006 年及 2017 年旅游业与交通运输业耦合协调度全局空间自相关分析

从表 4-4、图 4-3 中可以看出，重庆市 2006 年和 2017 年的 Z 值的绝对值均小于 1.96，因此 Moran I 指数的显著性不强。从变化趋势来看，全局 Moran I 指数呈增长趋势,从2006年的-0.035 84增长到2017年的0.153 796,增长了0.189 636,年均增长率为16.35%,这也说明了重庆市各区县的旅游业与交通运输业之间的相互促进关系呈现出比较良好的发展趋势。2006年重庆市各区县两大产业耦合发展表现出随机分布特征,而2017年呈现出聚集分布的特征,这也表明重庆市各区县两大产业耦合发展的聚集分布特征越来越强,虽然仍然存在两极分化的问题,但各区县的空间相关性不断显著,有利于跨区县合作的推进,有利于重庆市整体全域旅游的推进。但全局Moran I指数仅能体现重庆市各区县耦合协调水平的平均集聚程度和分布规律,无法体现局部区域的具体关联类型,因此还需进一步进行局部Moran I指数检验,以揭示局部空间的相关关系。

2. 局部空间自相关分析

根据局部Moran I指数的检验情况,绘制了2006年和2017年LISA显著性检验的地区分布图,如图4-4和图4-5所示。

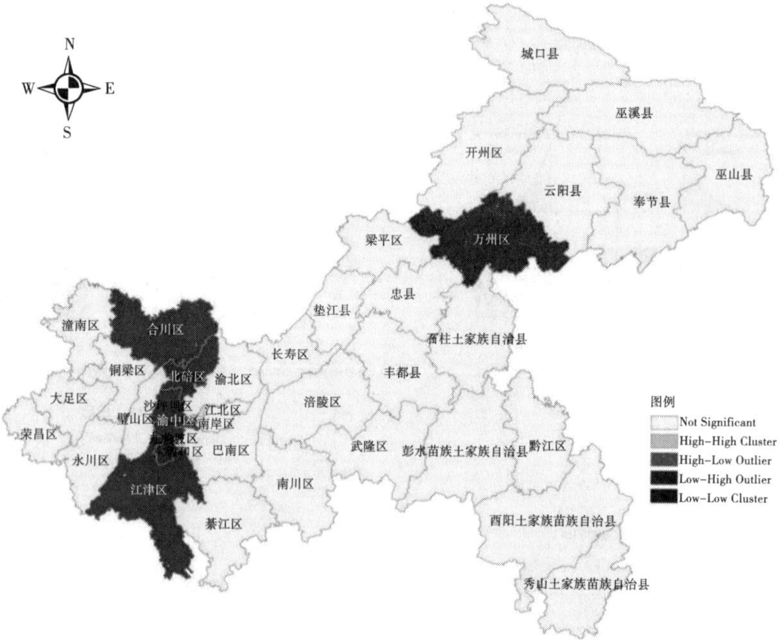

图4-4　2006年LISA集聚图

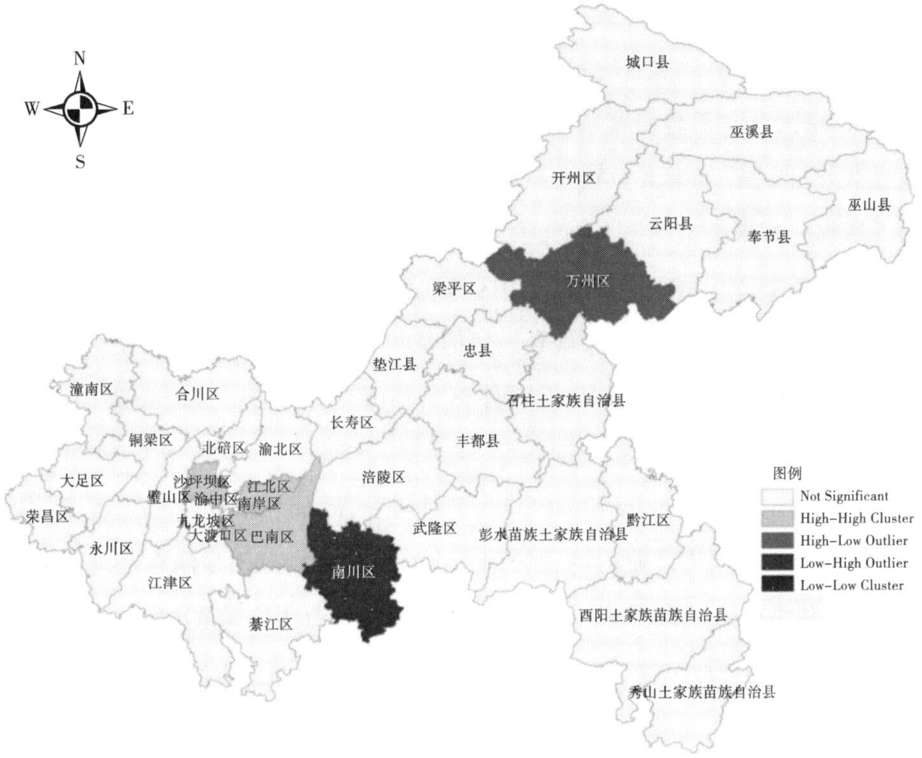

图 4-5　2017 年 LISA 集聚图

从总体分布格局来看,2006 年通过显著性检验的“低-高”集聚类型的区县最多,有合川区、北碚区、沙坪坝区、九龙坡区、江津区 5 个区县,主要处于主城区和渝西地区;通过显著性检验的“低-低”集聚类型的地区只有万州区一个区县,其他区县均为不显著。2017 年通过显著性检验的“高-高”集聚类型的地区最多,有沙坪坝区、江北区、渝中区、南岸区、巴南区 5 个区县,均处于主城区;通过显著性检验的“高-低”集聚类型的区县只有万州区;通过显著性检验的“低-高”集聚类型的区县只有南川区。

2006 年属于“低-高”集聚类型的合川区、北碚区、沙坪坝区、九龙坡区以及江津区,处于发展较好的主城区和渝西地区,受到的正向溢出效应较为明显。北碚区、九龙坡区、沙坪坝区处于主城区,随着重庆市政府在旅游业上的发力,特别是主城区的旅游业得到了较大发展，旅游人数爆发式增长，也较大程度上促进了主城区交通运输业的发展。沙坪坝区以交通为重点的项目支撑区域协调发展，两大产业耦合协调水平得到了较大提升。北碚区和九龙坡区由2006年显著的“低-高”集聚类型转变成为2017年的不显著，沙坪坝区2017年转变为“高-高”集聚类型。

而近年来，处于渝西地区的合川区和江津区受到主城区的正向拉动作用比较明显，同时在区位和交通上具有一定的优势，旅游业与交通运输业的耦合协调程度处于中等水平且稳步提高，两个区县均由2006年显著的“低-高”集聚类型转变成为不显著。

处于渝东北地区的万州区在2006年时属于“低-低”集聚类型，这说明了重庆市渝东北地区两大产业的耦合协调程度普遍较低。万州是渝东北地区的增长极，2010年重庆市委、市政府出台了《关于加快把万州建成重庆第二大城市的决定》，市政府对万州区发展的支持力度较大，建立了完善的水、陆、空交通体系，形成了以“一环五高八射，一空三铁八港”为核心的综合交通运输网络，成为渝东北地区乃至重庆市的重要综合交通枢纽。旅游人数从2006年的444万人增长到2017年的1 524万人，旅游收入增长了近10倍，旅游业得到了更好的发展。但由于渝东北地区的山区环境更加明显，以至于交通建设难度大，交通便捷性较差，虽然在旅游资源上相对丰富，但缺乏开发和更高档次的规划建设，以至于渝东北地区其他区县两大产业耦合协调程度相对较低，仅靠万州区一区之力难以带动渝东北地区整体发展，使得2017年万州区转变为“高-低”集聚类型。

渝中区、江北区、南岸区、巴南区在2006年时为不显著集聚类型，这些区县作为主城区的成员，各区之间一直保持着紧密良好的互动关系，交通便捷，加上近年来交通运输业的不断完善和旅游市场的持续火爆，旅游业的发展与交通运输业呈现出相互促进的良好发展态势，使得这4个区在2017年转变为通过显著性检验的“高-高”集聚类型。

四、测度结论

本研究在系统梳理大量相关文献和借鉴前人相关研究成果的基础上，对旅游业与交通运输业耦合协调发展的动力机制进行了分析，对重庆市旅游业与交通运输业的发展现状进行了阐述，并对重庆市2006—2017年旅游业与交通运输业的发展水平以及2006年、2017年重庆市各区县两大产业的发展水平进行了测度和分析，同时对重庆市2006—2017年以及重庆市各区县2006年、2017年两大产业的耦合协调水平进行了测度以及时空差异分析，最终得出下述结论。

1. 区域交通运输业与旅游业之间存在较高的发展关联性

交通运输业的发展意味着实现了交通演化，其中包含了交通成本的降低、交通规模的扩大、交通网络结构的完善、交通可达性的优化等方面，这些方面的演化就与区域旅游中旅游空间规模的扩大、旅游发展空间形态的演化、旅游客流分布的变化、旅游者旅游出行成本的降低、旅游资源的集聚等方面存在显著的相关性。一方面，交通演化对旅游业的发展起着推动作用；另一方面，旅游业的发展也促使着交通网络的演化。旅游业与交通运输业在相互影响、相互促进的过程中，逐渐形成了内生互馈机制。其中交通网络演化对旅游业发展的支撑作用主要表现在锁定效应和引导效应，旅游业的反馈效应主要通过旅游发展规模、旅游空间结构演化对交通网络产生影响。

2. 重庆旅游业结构性变化推动交通运输业结构性变迁

近年来，重庆市旅游业发展迅速，旅游经济持续快速发展，旅游市场逐步扩大，接待能力逐年增强，对外旅游吸引力越来越强。交通运输业方面，交通基础设施逐步完善，等级公路、城市公共营运汽车线路网长度、铁路营运里程、正班通航的城市个数、交通投资等均较有大幅度增长；客运结构转变较大，公路运输处于相对稳定的主导状态，但占比逐年下降，而铁路、民航运输的占比持续增长。

3. 市级层面的重庆交通运输业与旅游业整体协调耦合度较高

从重庆市市级层面来看,2006—2017 年重庆市旅游业与交通运输业综合发展水平都得到了大幅度提升,旅游业综合评价函数值从 2006 年的 0.01 上升到 2017 年的 0.922 41,交通运输业综合评价函数值从 2006 年的 0.109 29 上升到 2017 年的 0.804 35;两大产业的协调发展模式,也从旅游滞后交通模式转变为交通滞后旅游模式。重庆市旅游业与交通运输业的耦合协调度呈现不断上升的趋势,耦合协调水平持续提升,协调等级实现从严重失调向优质协调的巨大跨越。2006—2009 年重庆市两大产业耦合协调发展处于失调阶段, 2010—2017 年重庆市两大产业耦合协调发展处于协调阶段。这说明了在 2006—2017 年期间,重庆市旅游业与交通运输业均取得了不错的发展,但旅游业发展势头更好,交通运输业的发展稍微落后但仍能稳扎稳进;两大产业仍有巨大发展空间,未来还需要持续向好发展,同时旅游业与交通运输业之间的相互促进作用进一步增强,二者的耦合协调等级得到较大提高。

4. 区县级层面的交通运输业与旅游业整体协调耦合度差异性较明显

从区县角度来看,重庆市各区县旅游业与交通运输业的发展存在着较大的地区性差异。2017 年,旅游业综合发展水平相对较高的地区主要集中在主城区,如渝中区、九龙坡区等,旅游业综合发展水平相对较低的地区主要集中在渝东北地区和渝西地区,如荣昌区、梁平区、巫溪县等;交通运输业综合发展水平相对较高的地区集中在主城区和渝西地区,如渝北区、綦江区等,交通运输业综合发展水平相对较低的区县主要集中在渝东北地区和渝东南地区,如城口县、秀山土家族苗族自治县等。在重庆市 38 个区县中,共有 16 个区县的发展模式为旅游滞后交通模式,共有 22 个区县的发展模式属于交通滞后旅游模式,其中,主城区中超过一半的区县发展模式为交通滞后旅游模式,在渝西地区中超过一半的区县发展模式为旅游滞后交通模式,在渝东北地区中超过一半的区县发展模式为旅游滞后交通模式,在渝东南地区中所有区县的发展模式均为交通滞后旅游模式。各区县旅游业与交通运输业耦合协调水平差异也相对较大,个别主城区区县处于较高水平，其他区县两大产业耦合协调水平处于相对较低的水平；旅游业与交通运输业耦合协调水平较高的地区主要集中在主城区和渝西地区，旅游业与交通运输业耦合协调水平较低的地区主要集中在重庆市相对偏远的地区，如城口县、巫溪县、秀山土家族苗族自治县、石柱土家族自治县等。总体来看，重庆市各区县两大产业的发展水平和耦合协调水平均较低，存在旅游资源与交通资源整合差、旅游规划与交通建设协调不足等问题，因此未来在进一步发展两大产业的同时，还需要进一步加强对两大产业资源整合以及规划建设的衔接与协调，充分发挥两大产业相互促进的作用机制，提升两大产业耦合协调水平。

5. 交通运输业和旅游业空间自相关演化呈现积极向好态势，但也存在不足

对重庆市各区县 2006 年、2017 年旅游业与交通运输业耦合协调度进行全局空间自相关和局部空间自相关分析，演化特征表明，重庆市两大产业耦合协调度的 Moran I 值由负数演变成正数，由离散分布特征向聚集分布特征演进，各区县的空间相关性不断显著。2006 年属于“低-高”集聚类型的合川区、北碚区、沙坪坝区、九龙坡区以及江津区在 2017 年分别转变为不显著、不显著、“高-高”集聚类型、“高-高”集聚类型以及不显著；万州区由 2006 年的“低-低”集聚类型转变为 2017 年“高-低”集聚类型；渝中区、江北区、南岸区、巴南区由 2006 年的不显著均转变为 2017 年的“高-高”集聚类型。虽然各区县在两大产业协调程度上的相关性越来越强，但仍存在各自为政、区域联动发展意识不强等问题，因此还需要加强各区县间在促进旅游业与交通运输业协调发展方面的合作。

第五章

5 重庆交通运输与旅游融合发展战略

第一节　交通运输与旅游融合发展体系构建

一、交通运输与旅游融合发展思路

交通运输与旅游融合发展思路包括以下三个方面。

1. 强化融合理念，实施“交旅融合”发展

坚持协同联动、融合发展，通过“旅游+”“交通+”，将交通运输资源与旅游资源进行整合，将交通与旅游、行业与地方深度融合，探索建立旅游交通规划、建设、运营新机制，形成融合联动发展。

按照重庆市交通运输发展的总体布局，实施“交旅融合”发展，以交通运输行业龙头骨干企业为主体，行业其他各企业积极融入其中，各部门齐抓共管，共同参与，充分利用行业及龙头骨干企业的各种要素资源，为游客提供全过程、全时空的旅游交通服务和交通旅游精品产品，全面地满足游客的全方位体验需求。

2. 明确发展方向，突出建设重点

以国家全域旅游战略、国家六部委《关于促进交通运输与旅游融合发展的若干意见》为指导，重庆旅游业发展“十三五”规划为指引，坚持突出特色、因地制，宜确定发展目标、路径和措施，围绕重庆旅游交通运输基础设施、旅游客运服务体系、交通与旅游融合创新产品体系、智慧旅游交通体系、交通与旅游融合商业模式创新、交通与旅游融合营销推广等发展重点，通过重庆旅游集散平台、都市两江游水陆联运平台、“愉客行”智慧信息平台三大平台建设，创新交通与旅游融合产品，提升交通与旅游融合服务品质，打造具有重庆特色、突出生态优势的旅游交通精品，力争成为全国交通与旅游融合的典范和排头兵。

3. 找准发展痛点,问题导向施策

一方面,重庆旅游正处在转型升级之时,旅游行业的交通痛点日益成为其转型瓶颈之一,如何打通"最后一公里",如何快速、便捷、舒适地集散市内外游客成为当务之急。另一方面,重庆交通运输行业也面临较大的内外竞争压力,转型突破痛点要求行业给出解决之道,旅游的庞大人流恰恰为其提供良好机遇。交通行业的服务水平改善、交通旅游产品创新等需要给出明确答案。交通运输业与旅游业存在如下痛点问题:

痛点问题1——缺乏统一的统筹协调系统。交通运输行业内部没有统一的统筹协调机构、机制,行业内各企业以及企业内各部门都各自为政,且相互同质化竞争。

痛点问题2——资源整合差,产品竞争力不足。交通运输业与旅游业未能实现真正的融合,交通场站、码头、班线、航线、"愉客行"等资源未能实现有效整合;利用班线开通的旅游直通车,不能直接进入景区游客中心,未能实现真正的点对点的空间位移,且无论是其设施设备或是旅游服务标准均不高,精细不够,游客体验性太差,导致产品缺乏竞争力。

痛点问题3——"愉客行"线上交易平台作用发挥不够。"愉客行"平台以票务为主,平台功能相对单一、不丰富,平台的供应商不足,导致其作用发挥不够。

痛点问题4——人才缺乏。交通运输行业内缺乏既熟悉交通运输业,又熟悉旅游业的经营管理人才,尤其是产品策划设计、市场开发人才缺乏。

痛点问题5——品牌效应差。由于产品开发不足,业务单一,推广渠道少,旅游交通的品牌形象未能真正树立。

二、交通运输与旅游融合发展目标

交旅融合发展,要求交通与旅游互为依托、互相促进,通过整合、组合、磨合,实现交通与旅游资源融合、功能融合,从而衍生形成交通旅游新产品、新业态、新供给和发展新模式。

重庆交旅融合发展要以交通运输行业龙头骨干企业为依托，以“愉客行”智慧出行平台为技术支撑，全市旅游集散平台（水陆）建设为重点，延伸交通产业链、创新交通旅游产品、提升交通旅游服务水平、塑造交通旅游品牌，通过三至五年的努力，培育形成以旅游交通产业为带动，交通与旅游融合发展的多元的大旅游交通产业体系，使之成为推动行业发展的重要驱动力；实现旅游交通基础设施完善、交通旅游产品丰富、旅游交通服务品质优良，成为全国交通旅游融合示范区，交通运输行业龙头骨干企业建设成为全国交通旅游融合示范企业的战略目标。

三、交通运输与旅游融合发展模式

根据重庆交通运输业与旅游业资源状况、发展现状、发展问题，以及交通运输业与旅游业发展未来目标需求，重庆交通与旅游的融合发展，应以“交通为平台、旅游为载体、服务提品质”的发展模式，即通过完善旅游交通基础设施，创新交通旅游产品，提升旅游交通服务品质来进行建设发展。

完善旅游交通基础设施，通过构建旅游交通运输体系，包括通道支撑、集散衔接、基础网络、配套服务等，形成“快进慢游”旅游交通网络，实现区域内的协调融通、便捷联通。

创新交通旅游产品，根据旅游市场需求变化，通过交通与旅游的资源融合、功能融合，通过交通旅游项目和旅游交通服务创新，创建交通与旅游融合示范点，将交通线路变成旅游风景，将交通场站变成旅游热点，形成交通旅游新产品、新业态和新供给。

提升旅游交通服务品质，通过完善旅游交通服务体系建设，包括区域对外交通和城市公共交通、城-景交通、景-景交通组成的基础支撑体系，旅游集散中心体系、自驾游服务体系组成的主支持体系，旅游交通引导标识体系和旅游交通信息服务体系组成的辅助体系建设，提升旅游交通服务水平。

四、交通运输与旅游融合发展体系

重庆交通与旅游融合发展,必须是整体推进,体系化发展。因此,需要构建一个交旅融合发展体系。该体系以旅游交通运输基础设施系统、旅游客运服务系统、交通旅游创新产品系统、智慧旅游交通平台系统、交通与旅游融合创新商业模式系统、交通与旅游融合营销模式系统等六个系统为重点,构建形成重庆市交通与旅游融合发展体系框架,如图 5-1 所示。

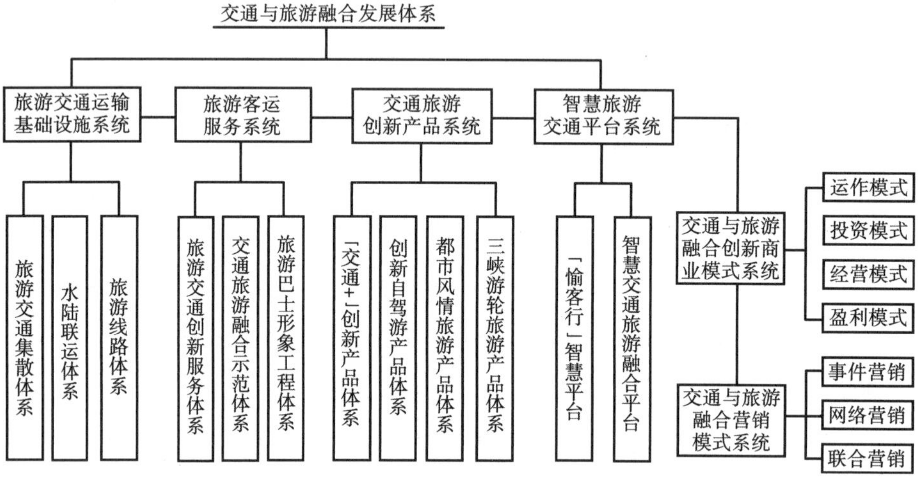

图 5-1　重庆市交通与旅游融合发展体系构建

交通与旅游融合发展体系中的每一个系统又由若干子系统构成。旅游交通运输基础设施系统由旅游交通集散体系、水陆联运体系、旅游线路体系三个子系统组成。旅游客运服务系统由旅游交通创新服务体系、交通旅游融合示范体系、旅游巴士形象工程体系三个子系统构成。交通旅游创新产品系统包括"交通+"创新产品体系、创新自驾游产品体系、都市风情旅游产品体系、三峡游轮旅游产品体系等四个子系统。而智慧旅游交通平台系统则由"愉客行"智慧平台和智慧交通旅游融合平台构成。交通与旅游融合创新商业模式系统由运作模式、投资模式、经营模式、盈利模式等共同形成。交通与旅游融合营销模式系统包括了事件营销、网络营销、联合营销等营销渠道和营销方式。

五、交通运输与旅游融合发展实施路径

交通与旅游融合发展，只有根据确定的发展思路，按照以“交通为平台、旅游为载体、服务提品质”的发展模式构建的交通与旅游融合发展体系框架，整体推进，体系化发展，才能够实现交通与旅游融合发展目标。因此，交通与旅游融合发展应该通过构建并完善交通与旅游融合发展体系来推进实施。具体应通过以下六大路径推进实施：

路径一，推进并完善旅游交通运输基础设施，形成旅游交通运输基础设施系统。

路径二，转型旅游交通客运服务，构建形成旅游交通客运服务系统。

路径三，开发交通旅游创新产品，打造交通与旅游融合的创新产品体系。

路径四，推进旅游交通信息化和智慧化建设，构建形成智慧旅游交通平台系统。

路径五，创新交通与旅游融合商业运作、投资、经营、盈利模式，形成交通与旅游融合创新商业模式。

路径六，加强交通与旅游融合营销推广，创新营销模式和营销渠道，形成交通与旅游融合营销系统。

第二节　旅游交通运输基础设施系统

旅游交通运输基础设施系统包括旅游交通集散体系、水陆联运体系、旅游线路体系三个子系统。以场站、线路为重点，推进并完善旅游交通基础设施建设，充分利用交通运输行业及行业龙头骨干企业拥有的场站资源、码头资源与线路资源优势，在打通旅游交通“经络点”，实现城区与景区之间、景区与景区之

间的旅游交通无缝对接方面，发挥重要作用。

一、以场站为依托，建立全市旅游交通集散体系

旅游集散是游客在旅游地各旅游要素点之间进行空间位移的方式和形式的总称。它包含旅游集散场点、集散方式、集散形态等基本内容。快捷、合理、规范的旅游集散是顺应个性化旅游需求的基本要求。

依托交通运输行业及行业龙头骨干企业拥有的众多交通场站资源，实施场站提档升级、扩能，成为融咨询、客运、预定、投诉、购物、游憩为一体的交通与旅游融合示范基地，与各景区停车场整合，形成集散总中心-主城区-节点区县-景区四级多节点交通旅游集散体系。

1. 建立层次分明的四级旅游集散体系

按区域交通场站位置、场站经营状况、场站发展前景、区域旅游发展远景，将全市旅游集散场站划分为一级主城—二级区域—三级区县（乡镇）—四级景区（点），并明确其建设功能。重庆市各旅游集散场站等级划分及定位见表5-1。

表5-1　重庆市各旅游集散场站等级划分及定位表

级别	重点建设区域	建设定位	集散场站辐射景点	建设功能
一级	渝中菜园坝 九龙坡陈家坪 渝北龙头寺 江北红旗河沟 沙坪坝重庆西站 南岸四公里	市级中心集散地 市外游客来渝旅游口岸集散地 市内游客外出旅游一级集散地	主城区景点 市内外景点	咨询、查询、预订、租赁、泊车、购物、餐饮、休闲、救援、货币兑换、快递、展示推广、销售、租赁、结算、物流、停泊
二级	渝西片区：永川 渝东南片区：黔江 渝东北片区：万州	市级集散承接地 区域旅游集散地	渝西片区景点 渝东南片区景点 渝东北片区景点	咨询、查询、预订、租赁、购物、休憩、货币兑换、展示、推广、销售、租赁、物流

续表

级别	重点建设区域	建设定位	集散场站辐射景点	建设功能
三级	铜梁、潼南、荣昌 大足、合川、江津 巫山、奉节、云阳 巫溪、开州、城口 彭水、秀山、酉阳	区县级旅游集散地 区域集散承接地	区县内景点	咨询、查询、预订、泊车、购物、休憩、展示、销售、租赁
四级	区县重点景区，尤其是4A及以上景区	景区集散节点	景区内旅游点	与游客中心配套，具有泊车、加油等功能

一级主城集散中心。主要分布在重庆主城区靠近或设置在机场、码头、铁路和长途汽车场站内的8个旅游集散中心。一级主城集散中心既是市外游客来渝旅游的口岸集散地和市内游客外出旅游的集散地，又是重庆交通与旅游融合的示范性窗口。其功能在传统旅游集散中心功能基础上需要增加泊车、住宿、购物、餐饮及快递、货币兑换等业务。

二级区域集散中心。基于重庆区域经济发展的差异、重庆城市发展规划和重庆交通发展规划，确立三个二级区域性旅游集散中心点，分别对应三峡库区、渝西片区和渝东南片区旅游交通集散中心。三个二级旅游集散中心承担起各自片区旅游点之间的中转集散功能，同时也是一级集散中心和景区集散中心之间的桥梁。

三级区县（乡镇）旅游集散中心。在交通日益发达的情况下，三级区县（乡镇）旅游集散中心实际上并无存在之必要，但在部分偏远区县，其旅游集散中心可以承担起部分散客的交通集散功能和部分自驾车的泊车、维修功能。

四级景区（点）游客集散中心。此类旅游集散中心一般与景区游客中心归于一个产权主体，是旅游集散体系的末梢，也是自驾车或团队游客的主要交通集散地。规范化的停车管理、合理的停车分区、完善的集散服务和生态性的停车环境应该是这类集散中心的基本要求。

2. 确立多元化的旅游集散方式

旅游集散方式是实现游客在集散中心点与各旅游集散要素点之间空间移动的形态特征。多元化的旅游集散形态可以提高旅游集散效率,增强交通与旅游融合的满意度。基于游客旅游便利性,同时考虑交通场站及线路运营成本,重庆交通与旅游融合的旅游集散模式可分为以下几种(表5-2和图5-2):

表5-2 重庆市交通与旅游融合的旅游集散模式

模式类型	空间表现	基本特征	适用条件	示范举例
直通车模式	集散点—景点;上门—集散点—景点;上门—景点;直线式	客源地场站直达景区停车场;游客体验感好;场站有盈利	客流量常年稳定且车辆装载相对饱和;景区与交通场站有合约,为其提供便利;团队包车	重庆旅游集散中心—武隆、大足、黄水等景区
区间换乘模式	多点(客源场站点—区县换乘点—景点)中转式	交通工具多元化;耗时长、体验感差;价格便宜,中间换乘	景点知名度低、客源不稳定或旅游淡季;散客非自驾出游	主城集散场站—江津集散场站—四面山景区
滚动穿梭集散模式	多点间(客源场站点—多景点)环形	多景点串联为旅游热门线路;游客便利度好;运行成本高;通票或区间票方式	知名旅游线路;沿线景点互补性强;线路游客量大且稳定性高;景点与场站配合度好	万州—宜昌三峡水上游线
区间+营地混合模式	一级集散点—营地(二级集散中心)—多个景点;往返式	中转移动;营地往返;耗时较长;游客闲暇时间充裕;深度体验	二级旅游集散中心所在区域旅游资源类型丰富、开发较好	重庆集散点—武隆二级集散殆尽—仙女山、芙蓉洞、白马山等之间

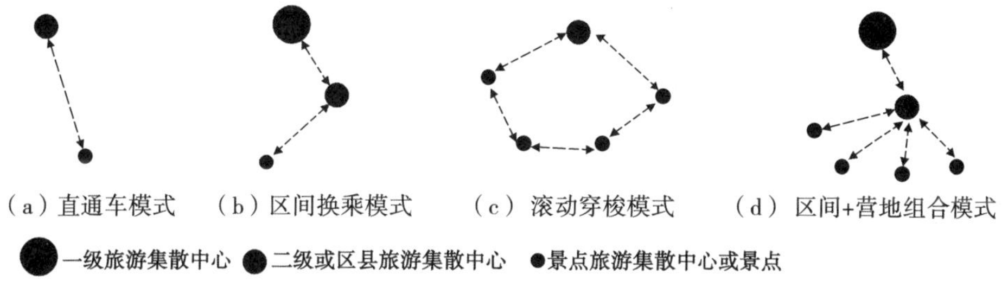

图 5-2　重庆市交旅融合的旅游集散模式示意图

（1）直通车模式

直通车模式即将游客从旅游集散中心场站快速移送到其希望游览的旅游目的地的旅游集散模式，又称为“点对点”模式。此模式基于进一步方便游客的考虑，部分集散中心又推出小车上门接送、组团直达景点或小车上门接送至集散中心点、大车组团直达景点两种新方式。直通车模式极大地方便了散客出游，但这种模式要求直达景点线路常年客流量趋于稳定和饱和，否则极易导致运营成本提升而夭折，因此该模式多适用于区域旅游知名度高的热点景区或线路。

（2）区间换乘模式

区间换乘集散模式即利用传统班线线路，游客从客源地班线场站先行到达景区所在的交通场站，而后再换乘直达景区的旅游巴士或公交专线或公交巴士的空间移动方式。此模式实际就是利用传统班线资源进行旅游提升改造而成，此模式一般交通耗时长、旅客和游客混装带来交通体验感差、功能单一、发班规律性差，但交通费用相对便宜，多是闲暇时间较多的游客的首选集散方式。此模式多适用于客流量相对较小的冷点景点线路或大都市郊区的温点景点线路或处于旅游淡季的热点景点线路。

（3）滚动穿梭模式

滚动穿梭集散模式即在一条旅游线路上，多个景点集散场站之间，滚动式开通穿梭旅游交通，游客采取交通通票或区间票形式实现即上即下的乘坐方式，实现点对点的空间位移。此模式适用于沿交通线有多个景点串联组合成的区域旅游热门旅游线路，且游客能够自由选择线路上任一景点区间进行旅行。此模式运营成本较高，需要有稳定的游客量保证。

（4）区间+营地组合模式

区间+营地组合模式即游客从一级旅游集散中心位移到二级或区县级旅游集散场站，然后以二级或区县场站所在城镇为营地，进行区域内各景点与二级或区县旅游集散中心城镇间的多次空间往返式移动。此模式在旅游交通组织方式上多采用班线+景点直通车或班线+景点班线集散方式，区县或二级旅游集散中心是区域旅游大本营，其旅游功能较为完善，能够形成区域旅游综合体，且能够具有较强的区域旅游集散作用（表 5-2）。

3. 明确主城交通场站改造提升方式

鉴于主城多组团布局城市格局、多元化游客进出交通方式，结合现有的 8 个旅游集散中心发展状况和未来政策要求，将主城 8 个旅游集散中心（分中心）场站进行改造，提升为旗舰指挥型、水陆联动型、综合集散型、区域辐射+文创型、综合商贸+PR 集散型、旅游商务型六类（表 5-3）。

表 5-3　主城区 8 个旅游集散场站改造提升定位表

集散场站名称	场站特征	提升改造类型	建设功能
菜园坝集散中心	成立时间最早；四川线路成熟；临江临火车站及公交站；政策性搬迁	水陆联动休闲商务型	依靠菜园坝滨江旅游码头，实现水陆联动建设，突出住宿、餐饮和休闲功能
陈家坪集散中心	新集散中心；政策性搬迁；出入内环方便；临两商圈	综合商贸+PR 集散型	旅游商务中心、商业休闲街、自驾车泊车换乘中心
龙头寺集散中心	临火车站、轻轨；集散功能齐备规范	旗舰指挥型	全市旅游集散总中心、全市旅游集散旗舰店
红旗河沟集散中心	临轻轨和公交站；临商圈；政策性搬迁	旅游商务型	旅游商务中心、特色汽车文化酒店

续表

集散场站名称	场站特征	提升改造类型	建设功能
重庆西站集散中心	临火车站和内环；新建设；潜力大	综合集散型	汽车服务、交通租赁、游憩休闲、住宿餐饮等综合体
四公里集散中心	临内环；出入枢纽地；临南坪商圈和轨道	综合集散型	汽车服务、交通租赁、游憩休闲、住宿餐饮等综合体
龙洲湾集散中心	位置较偏；区域知名景点少；客流量小	区域辐射+文创型	巴南旅游集散地
双凤桥集散中心	临机场、轻轨；交通不便利；场站面积大	区域辐射+文创型	渝北旅游集散地、重庆非遗创意中心

（1）旗舰指挥型改造方式

此类型需要交通场站在区域旅游客流中具有绝对重要地位，是区域旅游的重要集散通道。此类改造需要对原有交通场站进行提档升级、设施完善、服务提升等活动，建设成为区域旅游集散示范地和样板中心。旗舰指挥型旅游集散中心通常兼有区域旅游集散统一指挥协调、服务培训、服务标准制订和检查等战略决策、日常运营管理职能。

（2）水陆联动型改造方式

此类改造方式主要适用于临近水域的交通场站，目的是方便游客在水陆两种旅游交通方式和水陆两类旅游区域进行便捷转换，促进区域旅游的水陆联动发展。此类改造方式的重点是旅游码头+公交场站或旅游码头+直通车的无缝接驳。

（3）综合集散型改造方式

综合集散型功能较为全面，多位于城市交通枢纽换乘中心，尤其是外地长线交通接入区域内部交通的重要关键节点。综合集散型改造的重点除传统旅游集散中心的咨询、购物、集散、休憩外，还需要有适合区域外自驾车泊车、加油和汽车维修等汽车服务功能、特色住宿（经济酒店、汽车旅馆）、特色购物和时尚娱乐活动等。

（4）区域辐射+文创型改造方式

此类改造方式适合旅游客流量不太大、区域旅游辐射力一般的交通场站，可结合片区旅游资源特色进行区域旅游推介展示；可利用闲置的场站空间资源进行区域文化创意产业发展。一方面可以增强片区旅游竞争力，拉动片区旅游集散能力；另一方面可以盘活闲置资源，推动交通文化与地方文化创意发展。

（5）综合商贸+PR 集散型改造方式

此类改造方式适用于地处城市中心区或核心商圈附近的传统交通场站。良好的地理位置使得该场站地块价值极高而传统交通集散会加大城市中心或商圈的交通堵塞，因此，此类区域的改造通常采取功能置换方式推进，即淡化团队游客旅游集散，注重自驾客 PR（泊车+换乘）集散功能并辅以旅游综合商贸功能建设，如旅游酒店、特色购物娱乐休闲中心、特色餐饮区等。

（6）旅游商务型改造方式

此类改造方式适用于位于城市中心区和临近商圈的交通场站。商圈扩容使得此类场站存在的问题日益凸显，如交通堵塞、空气污染重、低效土地利用、安全隐患增多等。地方政府基于上述考虑大多要求此类场站实施搬迁，但留下的地块则可以改造为旅游商务中心，该中心的核心功能是商务住宿、会议等高端功能，当然还可以利用区域内其他集散中心的客源集散功能为此类场站进行顾客的交通转换服务（表 5-3）。

4. 明确区县集散场站改造提升方式

除开主城 8 个区旅游集散场站外，结合全市其他各区县旅游发展的实际情况和未来发展潜力，在实地调研的基础上，将巫山、大足、奉节、云阳、万州、黔江、秀山、彭水、永川、合川等旅游重点区县的交通场站进行适度优化提升，其优化提升类型主要有以下几种（表 5-4）。

（1）商贸物流型

该类型适用于多类型交通出入方式的区县，交通方式更新换代或其他交通类型替代较为显著，使得原有交通客流量快速下滑，场站空间闲置较多，此时可结合地区经济发展实际，利用闲置空间建设区域商贸物流基地，实现由“客”转“货”的结构调整。如设置在黔江火车站旁的汽车站，由于高铁出现和机场建设，此火车站客流量急剧萎缩，但由于位置较好，铁路货运业务增多，则可将其调整为铁路货运物流中转基地。

（2）旅游休闲综合体型

该类型适用于位于区县城镇中心区的场站，由于受环境污染管控、交通安全因素制约，所以必须进行转型。此类型可发挥良好的区位优势，转换成城市旅游休闲中心或综合体，比如万州老汽车站。

（3）自驾车营地型

该类型适用于位于大型旅游景区内的乡镇交通场站，可以发挥场站在景区的区位优势，通过转型或改造部分场站空间，可以适应自驾游客需求，比如石柱黄水旅游区内的冷水乡、黄水镇交通场站。

（4）旅游集散型

该类型适用于客流出入关键节点且客流量较多场站，按照城市旅游集散中心建设标准进行规范化建设。

表5-4　区县集散场站的旅游优化提升类型

序号	场站现状特征	场站转型类型	场站建设功能	示范区县场站
1	临近火车、航空和码头交通节点，但原有交通客流严重萎缩	商贸物流型	仓储、物流、展示、销售	黔江火车站旁汽车站（高铁站建成后必然带来原火车站客流量萎缩）

续表

序号	场站现状特征	场站转型类型	场站建设功能	示范区县场站
2	临近主要客流交通节点	旅游集散型	咨询、预订、集散、投诉、休憩等	万州高铁站场站
3	位于大型景区内的乡镇交通场站	自驾车营地型	集散、汽车相关服务、简单休闲娱乐、小型购物场所、公共服务设施	黄水镇冷水乡、城口黄安坝、江津四屏镇等
4	位于城市老城区或中心区	旅游休闲综合体	购物、娱乐、主题酒店、文创、商演等	万州、黔江、合川、涪陵、南川等区县的老旧汽车站

二、以沿江码头为重点，拓展两江一日游水陆联动体系

以长江、嘉陵江、乌江沿江旅游码头体系建设为重点，新建、改建和扩建节点旅游码头，提升码头旅游集散功能，整合水陆景点，形成长江三峡游线、乌江画廊游线、都市两江游线、精品游线、主题游线相融合的水陆交通与旅游融合大格局，丰富两江游船讲解、餐饮、商务功能，提振两江游旅游品牌知名度和美誉度。

1. 确立主城都市两江一日游旅游码头“1+1+15”建设体系

主城都市两江一日游旅游码头建设空间体系可以划分为“1+1+15”体系，“1”是朝天门水上旅游集散中心，同时也是主城两江旅游中心码头；“1”是弹子石旅游集散中心，同时也是主城旅游中心码头；“15”是主城五区长江、嘉陵江沿江旅游节点码头。

2. 明确主城都市两江一日游旅游码头建设内容

结合主城两江各码头的发展现状、各码头所处地理区位和旅游者在主城区

运动轨迹，重点就各码头的建设内容进行如下梳理：

(1)弹子石山水都市风情及水上旅游集散中心

项目选址：长江右岸长嘉汇弹子石及现公运集团歇石码头处。

对接陆上景点：弹子石老街、法国水师兵营、慈云寺、南滨路、长江索道南滨路站。

市场定位：山水都市风情一日游及两江游团队游客、自助游客(散客)。

功能定位：两江游及团队游客接待集散、游轮停泊编班始发、旅游咨询、票务、文化展示等。

支撑内容及项目：

岸上旅游集散中心 20 000 m^2，其中包括中心大厅、票务区、展示厅、休闲服务区、行政管理区；

航运(轮渡)历史文化展示馆，在集散中心大厅设置，通过视频、图片、实物、模型等，展示重庆航运(轮渡)历史文化，供游客参观游览；

岸上停车场 3 000 m^2，其中包含 30 个大客车位、100 个小车位；

公共厕所，包括男女卫生间、第三卫生间；

标识系统，包括三张图——旅游集散中心区域分布示意图、运行线路图、安全疏散指示图；三标志——外围导入标志、内部引导标志、安全警示标志；

容量规模：泊位 4 个(500 吨级)；最大单船停泊能力 3 000 t(总吨)；

游客吞吐量：200 万人次/年；

岸线长度：350 m；

水陆对接方式：电动扶梯、栈道；

配套设施配备：水上大型趸船 2 个(85 m×20 m)、中型趸船 2 个(65 m×20 m)。

(2)朝天门水上旅游接待中心

朝天门既是重庆山水都市地标，也是长江三峡游轮旅游始发地和重要码头，更是观赏重庆“两江四岸”风光的“网红打卡”旅游点。同时朝天门码头还是传统的“两江游”接待中心，交通方便，对接的陆上景点众多，应打造成为山水都市风情旅游水陆转换重要节点，作为长江三峡游游轮、两江游游轮及两江轮渡停泊编班始发港。

项目选址：朝天门两江交汇处现2—9号码头。

对接陆上景点：来福士广场、洪崖洞、长江索道、湖广会馆、罗汉寺、解放碑。

功能定位：自助游客接待集散、游轮停泊编班始发、旅游咨询、票务、水陆转换、观光游览等。

支撑内容及项目：

容量规模：泊位共8个（1 000吨级4个、500吨级4个），最大单船停泊能力8 000 t（总吨）；

游客吞吐量：300万人/年；

岸线长度：800 m；

水陆对接方式：缆车、步道；

配套设施配备：大型趸船4个（85 m×20 m）、中型趸船2个（65 m×20 m）；岸上游客中心10 000 m^2。

（3）洪崖洞旅游节点码头

项目选址：洪崖洞停车库下嘉陵江右岸豆腐石处。

对接陆上景点：洪崖洞、解放碑。

功能定位：两江游游轮水陆交通连接和游客转换、集散的主要节点。

支撑内容及项目：

容量规模：泊位2个（500吨级），最大单船停泊能力1 000 t（总吨）；

游客吞吐量：100万人/年；

岸线长度：140 m；

水陆对接方式：垂直通透式电梯；

配套设施配备：中型趸船2个（65 m×15 m）。

(4)磁器口旅游节点码头

项目选址:磁器口上游嘉陵江右岸特钢厂水域。

对接陆上景点:磁器口古镇、烈士墓、渣滓洞、白公馆。

功能定位:两江游游轮水陆交通连接和游客转换、集散的主要节点。

支撑内容及项目:

容量规模:泊位 2 个(500 吨级),最大单船停泊能力 1 000 t(总吨);

游客吞吐量:100 万人/年;

岸线长度:150 m;

水陆对接方式:栈道、步游道、陆上公交;

配套设施配备:大型趸船 2 个(70 m×15 m)。

(5)化龙桥旅游专用码头

项目选址:化龙桥嘉陵江右岸重庆天地水域。

对接陆上景点:重庆天地、红岩村。

功能定位:两江游游轮水陆交通连接和游客转换、集散节点。

支撑内容及项目:

容量规模: 泊位 1 个(500 吨级), 最大单船停泊能力 500 t(总吨);

游客吞吐量:50 万人/年;

岸线长度:70 m;

水陆对接方式:栈桥、陆上公交;

配套设施配备:中型趸船 1 个(65 m×15 m);岸上停车场 10 个大客车位、150 个小车位。

(6)江北嘴旅游专用码头

项目选址:两江交汇处嘉陵江左岸一侧江北嘴重庆大剧院水域。

对接陆上景点:重庆大剧院、北滨路。

功能定位:两江水上旅游游轮水陆交通连接和游客转换、集散节点。

支撑内容及项目:

容量规模:泊位 1 个(500 吨级),最大单船停泊能力 500 t(总吨);

游客吞吐量:50 万人/年;

岸线长度:70 m;

水陆对接方式:步游道、陆上公交;

配套设施配备:中型趸船 1 个(65 m×15 m)。

(7)大溪沟旅游专用码头

项目选址:嘉陵江右岸渝中区大溪沟水域。

对接陆上景点:大礼堂、三峡博物馆、中山四路。

功能定位:两江游游轮水陆交通连接和游客转换、集散节点。

支撑内容及项目:

容量规模:泊位 1 个(500 吨级),最大单船停泊能力 500 t(总吨);

游客吞吐量:50 万人/年;

岸线长度:70 m;

水陆对接方式:步行梯道、陆上公交;

配套设施配备: 中型趸船 1 个(65 m×15 m)。

(8)刘家台旅游专用码头

项目选址:嘉陵江左岸江北区刘家台水域。

对接陆上景点:刘家台、北滨路。

功能定位:两江游游轮水陆交通连接和游客转换、集散节点。

支撑内容及项目:

容量规模: 泊位 1 个(500 吨级),最大单船停泊能力 500 t(总吨);

游客吞吐量:50 万人/年 ;

岸线长度:70 m;

水陆对接方式:步行梯道、陆上公交;

配套设施配备:中型趸船 1 个(65 m×15 m)。

(9)储奇门旅游专用码头

项目选址：长江左岸渝中区长滨路储奇门，现金川 52 号趸船水域。

对接陆上景点：白象街老街、湖广会馆、十八梯。

功能定位：两江游游轮水陆交通连接和游客转换、集散节点。

支撑内容及项目：

容量规模：泊位 1 个(500 吨级)，最大单船停泊能力 500 t(总吨)；

游客吞吐量：50 万人／年；

岸线长度：70m；

水陆对接方式：步行梯道、陆上公交；

配套设施配备：中型趸船 1 个(65 m×15 m)。

(10)野猫溪旅游专用码头

项目选址：长江右岸南岸区南滨路野猫溪水域。

对接陆上景点：南滨路、长江索道南滨路站。

功能定位：两江游游轮水陆交通连接和游客转换、集散节点。

支撑内容及项目：

容量规模：泊位 1 个(500 吨级)，最大单船停泊能力：500 t(总吨)；

游客吞吐量：50 万人／年；

岸线长度：70 m；

水陆对接方式：步行梯道、陆上公交；

配套设施配备：中型趸船 1 个(65 m×15 m)。

(11)菜园坝旅游节点码头

项目选址：长江左岸渝中区菜园坝上游黄沙溪水域。

对接陆上景点：菜园坝、皇冠大扶梯。

功能定位：两江游游轮水陆交通连接和游客转换、集散节点。

支撑内容及项目：

容量规模：泊位 1 个(500 吨级)，最大单船停泊能力 500 t(总吨)；

游客吞吐量：50 万人／年；

岸线长度:70 m;

水陆对接方式:步行梯道、陆上公交;

配套设施配备:中型趸船 1 个(65 m×15 m)。

(12)马桑溪旅游专用码头

项目选址:长江左岸马桑溪大桥上游水域。

对接陆上景点:马桑溪古镇。

功能定位:两江游游轮水陆交通连接和游客转换、集散节点。

支撑内容及项目:

容量规模:泊位 1 个(500 吨级),最大单船停泊能力 500 t(总吨);

游客吞吐量:50 万人/年;

岸线长度:70 m;

水陆对接方式:步行梯道、陆上公交;

配套设施配备:中型趸船 1 个(65 m×15 m),岸上停车场 20 个大客车位、150 个小车位。

(13)广阳岛旅游节点码头

项目选址:长江广阳岛东段长江水域。

对接陆上景点:广阳岛。

功能定位:两江游游轮水陆交通连接和游客转换、集散节点。

支撑内容及项目:

容量规模:泊位 1 个(500 吨级),最大单船停泊能力 500 t(总吨);

游客吞吐量:50 万人/年;

岸线长度:75 m;

水陆对接方式:步行栈桥、陆上公交;

配套设施配备:大型趸船 1 个(70 m×15 m)。

(14)悦来旅游专用码头

项目选址:嘉陵江左岸悦来水域。

对接陆上景点:国博中心、华侨城欢乐谷。

功能定位:两江游游轮水陆交通连接和游客转换、集散节点。

支撑内容及项目:

容量规模:泊位1个(500吨级),最大单船停泊能力500 t(总吨);

游客吞吐量:50万人/年;

岸线长度:70 m。

水陆对接方式:步行栈桥、陆上公交;

配套设施配备:中型趸船1个(65 m×15 m),岸上停车场20个大客车位、150个小车位。

(15)海棠溪旅游码头

项目选址:长江右岸南滨路南滨公园(靠近海棠烟雨公园)水域。

对接陆上景点:东原1891、南滨公园、江南体育馆、双子塔。

功能定位:两江游游轮水陆交通连接和游客转换、集散节点。

支撑内容及项目:

容量规模:泊位1个(500吨级),最大单船停泊能力500 t(总吨);

游客吞吐量:50万人/年;

岸线长度:350 m;

水陆对接方式:步行梯道、陆上公交;

配套设施配备:中型趸船1个(65 m×15 m),岸上停车场20个大客车位、150个小车位。

(16)李家沱旅游专用码头

项目选址:长江右岸巴南李家沱老车渡水域。

对接陆上景点:李家沱商圈、花溪工业园区及大江厂。

功能定位:两江游游轮水陆交通连接和游客转换、集散节点,城市工业记忆创意码头等。

支撑内容及项目:

容量规模:泊位 1 个(500 吨级),最大单船停泊能力 500 t(总吨);

游客吞吐量:50 万人/年;

岸线长度:512 m;

水陆对接方式:步行梯道、陆上公交;

配套设施配备:中型趸船 1 个(65 m×15 m),岸上停车场 20 个大客车位、150 个小车位。

(17)九渡口旅游专用码头

项目选址:长江左岸九龙坡九渡口正街水域。

对接陆上景点:黄桷坪涂鸦艺术街。

功能定位:两江游游轮水陆交通连接和游客转换、集散节点,艺术文化码头等。

支撑内容及项目:

容量规模:泊位 1 个(500 吨级), 最大单船停泊能力 500 t(总吨);

游客吞吐量:50 万人/年;

岸线长度:216 m;

水陆对接方式:步行梯道、陆上公交;

配套设施配备:中型趸船 1 个(65 m×15 m),岸上停车场 20 个大客车位、150 个小车位。

3. 长江三峡沿线"1+2+8+6+8"旅游码头建设

根据《长江重庆段旅游码头规划》(2012),并考虑三峡沿线旅游未来发展需求,构建起"1+2+8+6+8"的三峡内河旅游基础设施体系。其中"1"是将以朝天门为主港、寸滩为母港停泊港、广阳岛为辅助港,构建三位一体的游轮母港;"2"是改扩建万州壤渡、奉节宝塔坪两个游轮枢纽港;"8"是建设涪陵蔺市、涪陵白鹤梁、丰都名山、忠县石宝寨、石柱西沱、万州鞍子坝、云阳张飞庙、巫山龙门旅游码头;"6"是建设通达重要景点的旅游码头,如巫山小三峡、马渡河、大昌古镇、白帝城、两河口等景点码头;"8"是依靠广阔水域和周边景点所建设的游艇休闲基地，如广阳岛、大昌游艇基地、万州游艇基地、开州区汉丰湖游艇基地等8个地点。

(1)"1"个游轮母港建设

建设功能：游客集散、游轮停靠、编班始发、维修保养、补接配送。

建设地点：朝天门主港、寸滩停泊港、广阳岛辅助港。

周边景点：主城区各大景区（点）。

建设规模：设计吞吐量400万人，6 000 t以上泊位8个。

建设性质：改扩建。

(2)2个游轮枢纽港

建设功能：游客接待转换，游轮停泊、补给等。

建设地点：万州壤渡、奉节宝塔坪。

周边景点：万州青龙瀑布、白帝城、天坑地缝等。

建设规模：设计吞吐量200万人、6 000 t以上泊位4个。

建设性质：改扩建。

(3)8个游轮专用码头

建设功能：游客接待、游轮停泊等。

建设地点：涪陵蔺市、涪陵白鹤梁、丰都名山、忠县石宝寨、石柱西沱、万州鞍子坝、云阳张飞庙、巫山龙门。

周边景点：红酒小镇、白鹤梁景点、丰都鬼城、石宝寨、西沱古镇、青龙瀑布、湖城风景、小三峡、巫峡等。

建设规模：涪陵蔺市旅游码头设计吞吐量50万人、6 000 t以上泊位1个；涪陵白鹤梁旅游码头设计吞吐量50万人、6 000 t以上泊位1个；丰都名山旅游码头设计吞吐量100万人、6 000 t以上泊位2个；石宝寨旅游码头设计吞吐量100万人、6 000 t以上泊位2个；张飞庙旅游码头设计吞吐量100万人、6 000 t以上泊位2个；万州鞍子坝旅游码头设计吞吐量100万人、6 000 t以上泊位2个；巫山龙门旅游码头设计吞吐量200万人、6 000 t以上泊位3个；石柱西沱旅游码头设计吞吐量 50 万人、6 000 t 以上泊位 1 个。

建设性质:改扩建。

(4)6 个景区旅游码头

建设功能:游轮游艇停靠、游客接待和换乘等。

建设地点:巫山小三峡、马渡河、大昌古镇、白帝城、两河口、神女溪。

周边景点:小三峡、大昌古镇、小小三峡、白帝城景区等。

建设规模:小三峡设计吞吐量 100 万人、500 t 以上泊位 2 个;小小三峡设计吞吐量 100 万人、500 t 以上泊位 2 个;大昌古镇旅游码头设计吞吐量 100 万人、500 t 以上泊位 2 个;白帝城旅游码头设计吞吐量 100 万人、500 t 以上泊位 2 个;两河口旅游码头设计吞吐量 50 万人、200 t 以上泊位 4 个;神女溪旅游码头设计吞吐量 200 万人、500 t 以上泊位 4 个;

建设性质:改扩建及新建。

(5)8 个游艇基地码头

建设功能:水上运动、游艇俱乐部、旅游观光休闲等。

建设地点:广阳岛、巫山神女湖、长寿湖、万州江南新城、丰都港、乌江电站、嘉陵江草街、开州区汉丰湖等。

周边景点:神女溪、大昌古镇、丰都鬼城、白帝城、钓鱼城、汉丰湖景点等。

建设规模:广阳岛设计 80 个泊位,游艇会所;神女湖 30 个泊位,游艇停靠码头;长寿湖设计 50 个泊位,游艇会所;万州江南新城设计 50 个泊位,水上运动中心;奉节宝塔坪设计 20 个泊位,游艇停靠码头;丰都港设计 20 个泊位,游艇停靠码头;乌江电站设计 30 个泊位,游艇停靠码头;嘉陵江草街设计 50 个泊位,游艇停靠码头;开州区汉丰湖设计 50 个泊位,游艇停靠码头。

建设性质:新建。

4. 乌江画廊重庆段“2+2+3”旅游码头建设

乌江画廊重庆段“2+2+3”旅游码头建设主要集中在彭水—酉阳段,根据资源分布和河道条件,基本形成“2+2+3”旅游码头分布格局。重点改扩建一级旅游码头彭水大唐电站码头、酉阳龚滩码头;二级旅游码头为酉阳万木码头、彭水万足码头;三级旅游码头为酉阳清泉码头、彭水阿依河码头、阿蓬江旅游码头。

(1)2 个一级旅游码头

建设功能:游轮及游船停靠、游客接待和换乘等。

建设地点:酉阳龚滩、彭水大唐电站。

周边景点:龚滩古镇、乌江画廊、彭水大唐电站及水库等。

建设规模:龚滩古镇旅游码头设计吞吐量 100 万人、200 t 以上泊位 4 个;彭水大唐电站旅游码头设计吞吐量 50 万人、200 t 以上泊位 2 个。

建设性质:改扩建及新建。

(2)2 个二级旅游码头

建设功能:游轮游船或游艇停靠、游客接待和换乘等。

建设地点:酉阳万木码头、彭水万足码头。

周边景点:乌江三峡景区及周边乡村旅游点。

建设规模:设计吞吐量 50 万人、200 t 以上泊位 4 个。

建设性质:改扩建及新建。

(3)3 个三级旅游码头

建设功能:游轮游船或游艇停靠、游客接待和换乘等。

建设地点:酉阳清泉码头、彭水阿依河码头、黔江阿蓬江码头。

周边景点:乌江三峡景区、阿依河景区、阿蓬江景区。

建设规模:设计吞吐量 50 万人、200 t 以上泊位 4 个。

建设性质:改扩建及新建。

三、以线路为依托，开发交通与旅游融合的旅游线路体系

整合行业及行业龙头骨干企业拥有的线路资源,对接区县旅游发展委员会或旅游局、旅游或景区管委会、重点旅游景区,一是结合国家三峡风景道、乌江风景道建设,开通主题旅游专线或旅游直通车,开发旅游公交线路,开发水陆联

游休闲观光线；二是围绕都市旅游新资源开通各类都市旅游主题观光巴士；三是实施空陆联运，开通机场至景点旅游专线；四是适应度假区建设需要，开设度假区、景区特需公交线路；五是适应乡村旅游发展需要，开通乡村旅游公交巴士线路，形成多元的交通与旅游融合的旅游交通线路体系。

1.建设两条国家风景道旅游专线

结合长江三峡国家旅游风景道、乌江国家旅游风景道，开通以山水观光、休闲度假为主体功能的世界级山水奇观旅游专线。

（1）长江三峡国家旅游风景道游线

长江三峡国家旅游风景道游线包括三峡水上旅游专线、三峡陆路直通车专线和三峡水陆联运环线。

三峡水上旅游专线。依托长江内河游轮、快艇，开辟多元化三峡水上旅游专线。在保留传统游轮旅游游三峡方式的同时，选择万州、奉节两旅游枢纽港为始发地，开通连接两地沿江各景点旅游码头之间的水上旅游穿梭巴士，满足灵活多样性的水上游三峡需求。

三峡陆路直通车专线。依托重庆主城旅游集散中心场站，开通多日往返式三峡腹地旅游直通车线路，满足探秘三峡腹地山地森林奇观、消夏避暑纳凉康养需求。陆地线路以万州高铁站为中心枢纽站，主城旅游集散中心场站和巫山、奉节、石柱为南北始发站，构建江北和江南三峡腹地游线。直通车专线以4A级以上景区目的地，沿线多个其他类型、级别景点为补充。主要线路类型有：江北直通车线（主城区—长寿湖—双桂堂—垫江牡丹—万州湖城—开州区汉丰湖—开州区雪宝山—云阳龙缸—巫溪红池坝）、江南游线（主城区—长寿湖—涪陵蔺市红酒小镇—万州湖城—丰都鬼城、雪玉洞—石柱黄水）

三峡水陆联运环线。依托现有的长运集团三峡库区线路，结合三峡沿江旅游码头、长运集团三峡库区交通场站，采取旅游直通车、自驾租赁、城际快线等陆上交通方式，将长江沿线水陆重要景点衔接起来，形成三峡旅游水陆大环线或局部线路精华小环线。此环线重点依托万州、巫山两地重要水陆交通节点，形成万州交通节点至主城交通节点的西部三峡水陆环线和万州交通节点至巫山交通节点的东部三峡水陆环线。西部三峡水陆环线景点包含主城集散场站—长寿湖—梁平双桂堂—垫江牡丹—涪陵白鹤梁—万州湖城；东部三峡水陆环线包含万州湖城—丰都鬼城—忠县石宝寨—张飞庙—云阳龙缸—奉节白帝城夔门—奉节天坑地缝—巫山小三峡等。

（2）乌江画廊国家旅游风景道游线

乌江画廊国家旅游风景道游线主要有乌江画廊水上游线和乌江画廊水陆联运线两种。

乌江画廊水上游线。以万足、龚滩两旅游码头为枢纽中心，万木、清泉为旅游副中心，阿蓬江、阿依河旅游支码头为节点，形成乌江干流旅游主线和阿蓬江、阿依河两个乌江水上支线，实现体验百里画廊“山似斧劈、水似碧玉”的奇山、怪石、碧水、险滩、古镇风俗等景观。沿线景观包括阿依河景区、大唐电站、洪渡度假区、龚滩古镇、阿蓬江景区、清泉乡村游等。

乌江画廊水陆联运线。依托乌江干流和支流航道、码头，渝湘高速、高铁（正建设）、国道 319 线及省道 304 线，实现水陆联运，做大做强万足、龚滩两个旅游水陆交通节点，采取旅游直通车、自驾租赁、水上快巴等交通方式，形成区域旅游水陆环线。主要包括以彭水县城汽车站和万足车站为核心的彭水县内游线，以酉阳龚滩古镇为中心、涵盖桃花源景区的游线。

2. 拓展四类都市旅游观光线

依托主城 8 个旅游集散中心场站，利用交运集团“愉客行”快速巴士、出租车、商务车，采取网约车、快车、直通车、包车等形式，实现游客从集散场站到主城内各景点或景点旁其他交通站点的便捷运动，有效规避与公交集团的公交旅游巴士的直接竞争。

（1）主城商圈观光购物游线

主城商圈观光购物游线重点依托龙头寺、重庆西站、双凤桥临空三个旅游集散中心，实现依托铁路、航空方式让市外游客快速到达主城五大商圈，满足游客主城现代都市观光和购物体验、商圈周边文化景观欣赏。

(2)主城文化旅游体验线路

主城文化旅游体验线路要充分利用主城历史文化名城资源丰富的特点，开设红色革命专线、战时首都专线、巴渝民俗专线、开埠通商专线、大西南三线建设专线。其中沙坪坝区依托重庆西站旅游集散中心，实施红色革命专线开发；依托龙头寺一级和菜园坝集散中心，开拓重庆母城渝中区文化历史专线；依托四公里集散中心，拓展战时首都、开埠通商文化专线。

(3)主城网红景点体验环线

主城网红景点体验环线重点依托菜园坝、龙头寺和重庆西站集散中心，定制式或滚动式开通网红景点环线。网红景点含李子坝轻轨穿楼、洪崖洞、鹅岭贰厂、长江索道、重庆天地、十八梯、南滨路等。

(4)两江四岸水陆旅游联线

两江四岸水陆旅游联线重点依托主城区长江、嘉陵江沿线旅游各旅游码头，以朝天门水上旅游集散中心、弹子石旅游副中心为核心，两江 15 个旅游节点码头为支点，实现两江四岸水陆旅游联线建设，充分展示重庆山城、江城、不夜城的都市风貌。其中重点加强三类线路建设。一是朝天门—弹子石—江北嘴金三角轮渡怀旧线；二是传统两江游线升级改造线，即嘉陵江大桥—朝天门—长江大桥的精品水上观景线；三是两江四岸阳光白日线，重点包含朝天门—磁器口—悦来会展城的嘉陵江水陆联动旅游线路，主要体验山城地貌、远眺立体交通、感知沙磁文化、创意文化、抗战文化等；朝天门—马桑溪古镇水陆线路，主要体验十八梯民俗、湖广会馆历史街区、黄桷垭涂鸦艺术、马桑溪古镇、山城立体交通等景观。

3. 制订两类 7 条空-陆或空-陆-水联运专线

依托重庆市“1+2+4”民用航空发展布局，在机场场站附近建设临空旅游集散场站，开通两类联线。一是机场—景区旅游专线，形成以机场为中心，辐射周边各重要景区的空-陆联运交通旅游线路。二是空-陆-水旅游联线，形成机场—

陆路（高铁站、汽车站）—水路联动旅游线路，降低运营成本，形成联动互促局面。

（1）江北机场空-陆或空-陆-水联运专线

与重庆江北国际机场有限公司协商，通过租赁或合作方式，设立空港旅游集散中心。采取汽车租赁、网约车、直通车或临客组装等方式，重点进行三类旅游线路建设。一是江北机场至重庆主城区各景点的都市旅游环线；二是江北机场至周边5A级景区的旅游专线；三是江北机场—龙头寺火车站集散点—主城其他集散点—两江游码头联动配合的两江四岸铁-公-水联运旅游线。

（2）万州五桥机场空-陆或空-陆-水联运专线

依托万州五桥机场，设立三峡临空旅游集散点，与万州高铁旅游集散点、万州水上旅游集散点形成联动配合，形成水-铁-空互动旅游集散格局。其建设重点是机场集散点至三峡库区内外景点直通车或专线。其中主要有机场至万州城区商务游、都市观光游、云阳龙缸景区游等；水-空-铁联运旅游线，包括机场集散点—高铁集散点—万州旅游码头—三峡旅游线路。

（3）黔江武陵山机场空-陆或空-陆-水联运专线

依托武陵山机场，设立武陵山临空旅游集散点，与黔江高铁（正建设）旅游集散点、乌江画廊龚滩、万足水上旅游集散点形成联动配合，形成水-铁-空互动旅游集散格局。其建设重点是机场集散点至渝东南片区内外3A景区直通车或专线。其中主要有机场至黔江城区商务游、帕拉胡城市峡谷公园游、濯水龚滩等古镇游、彭水九黎城景区、酉阳桃花源景区、秀山边城游、乌江画廊游等；水-空-铁联运旅游线，包括机场集散点—高铁集散点—旅游码头—乌江画廊空-铁-水旅游线路。

（4）武隆仙女山机场空-陆或空-陆-水联运专线

依托武隆仙女山通用机场，开设旅游集散点，开通仙女山片区空-陆旅游专线，其中包括武隆仙女山机场至周边主要景区的旅游专线，如仙女山机场—仙女山景区；仙女山机场—南川金佛山景区—万盛黑山谷景区；仙女山机场—酉阳桃花源景区。开通仙女山机场始发的世界遗产旅游环线武隆—南川—主城—大足;开通仙女山片区空-陆-水联线,包括机场—武陵山大裂谷—涪陵—三峡线、机场—丰都鬼城—三峡线、机场—彭水万足—乌江画廊游线。

(5)巫山机场空-陆或空-陆-水联运专线

依托巫山通用机场,建设临空旅游集散点,形成辐射周边区县的三峡精华游旅游圈。其中含巫山机场至周边主要景区的空-陆旅游专线,包括巫山机场—白帝城景区;巫山机场—云阳龙缸景区;巫山机场—巫溪红池坝旅游景区;巫山机场—奉节天坑地缝景区—恩施大峡谷—腾龙洞等;巫山机场—昭君故里景区。巫山机场至长江三峡沿线旅游码头空-水旅游联线,包括巫山机场—巫山旅游码头—小三峡游线;巫山机场—巫山旅游码头—三峡大坝游线;巫山机场—巫山旅游码头—奉节白帝城游线。

(6)万盛江南机场空-陆联运专线

依托万盛江南机场(在建),设立旅游集散点,实现空-陆联运旅游专线。主要包括开通江南机场至周边主要景区的旅游专线,包括江南机场—重庆主城区;江南机场—万盛黑山谷景区—古剑山风景区;江南机场—南川金佛山景区;江南机场—江津四面山景区。

(7)永川大安通用机场空-陆联运专线

依托大安通用机场(在建),设立旅游集散点,实现空-陆联运旅游专线。开通永川大安通用机场至周边主要景区的旅游环线(该机场定位一级通用,旅游机场,自身即景点),包括永川机场—主城区;永川机场—江津四面山景区;永川机场—大足石刻景区;永川机场—重庆野生动物世界—永川茶山竹海旅游景区。

4. 开设直达景区、度假区的特需公交线

为适应重庆市旅游度假区、A级景区的建设需要,交运集团需要与景区、度假区紧密合作,实时跟进景区、度假区发展进程,打通景区旅游交通“最后一公里”,完善和提升连接城区与周边主要旅游度假区、国家级景区的特需公交线路。

5A景区是重庆旅游的金字招牌，具有资源品质高、吸引力强、游客量大、辐射拉动作用显著等特征，通过开通旅游公交专线可以方便散客出游，其通行方式可以是定制旅游巴士、直通车或穿梭巴士形式，也可以是中转方式，即主城集散中心—区域旅游集散中心—景区形式。重点开通全市9个5A级景区、1个国家级旅游度假区、15个市级旅游度假区特需公交线路。这些线路主要有主城区—大足石刻景区；主城区—巫山小三峡景区；主城区—武隆仙女山旅游度假区；主城区—彭水阿依河、乌江画廊景区；主城区—酉阳桃花源景区、龚滩古镇；主城区—万盛黑山谷景区、奥陶纪、龙鳞石海度假区；主城区—横山—古剑山旅游度假区；主城区—金佛山景区、神龙峡旅游度假区；主城区—四面山旅游度假区；主城区—云阳龙缸景区、恐龙地质公园；主城区—长寿湖、长寿古镇度假区；主城区—永川茶山竹海、乐和乐都旅游度假区；主城区—巫溪红池坝风景区；主城区—黄水旅游度假区；主城区—涪陵武陵山旅游度假区；主城区—北碚缙云山景区、北温泉景区、金刀峡景区；主城区—丰都南天湖旅游度假区。

5. 开通四季主题乡村旅游公交巴士线

为适应快速发展的乡村旅游，全市各交通运输集团需结合自身乡村客运班车线路和车辆优势，开通以本地城镇中心地为核心，周边一小时公路车程为半径的乡村观光休闲线路，满足城镇居民周末休闲需求。其开通的旅游公交巴士线类型主要如下。

(1)春季乡村踏青公交巴士线

充分利用各城镇周边乡村春季景观特色，重点开通各城镇旅游集散中心通达周边的乡村赏花公交线路。譬如主城区—走马桃花、印盒李花、永川梨花等。同时也可开通春季乡村骑行公交巴士线，满足城镇居民乡村健身需求，主城区—万盛乡村骑行、主城区—玄天湖骑行等。

(2)夏季乡村避暑休闲公交巴士线

重庆主城夏季炎热难耐,市民具有很强的避暑需求,而重庆主城周边乡村具有较多的避暑旅游胜地,因此,开通应时避暑公交线路具有较大的可行性。如主城区—南川金佛山度假区乡村避暑;主城区—江津四面山度假区乡村避暑;主城区—武隆仙女山、白马山避暑等;主城—涪陵武陵山;主城区—丰都南天湖等周边高山乡村避暑线、万盛金沙滩休闲线。

(3)秋季乡村采摘公交巴士线

秋季的乡村瓜果飘香,稻谷丰盈,正是市民进行乡村采摘体验游的大好时机,而各大中城市周边密布的乡村农业产业基地也为乡村采摘体验游提供了发展基础。如九龙坡区铜罐驿镇乡悦葡萄庄园、渝北区统景镇景天农场梨橙、巴南区鱼洞云篆山生态果园、石壕镇野生猕猴桃、重庆梁平柚、丰都三元红心柚、涪陵李渡街道杨梅基地、南沱镇龙眼生态园、万盛猕猴桃基地等。

(4)冬季赏雪温泉公交巴士线

重庆是中国温泉之都,温泉游也是重庆旅游的六大精品之一。根据重庆温泉旅游发展规划,重庆主城将重点打造“五方十泉”,主城一小时经济圈重点建设上百个温泉。重庆属于山地城市,山岭较多,冬季赏雪滑雪旅游地较多,基于此,交运集团适时开通温泉专线、赏雪滑雪专线均具有较好的发展前景,如主城区—统景温泉线、小南海温泉线、铜梁龙温泉线、巴南东泉线等,如主城区—南川金佛山—武隆仙女山—彭水摩围山冬日童话旅游线、主城区—丰都南天湖·雪玉山—黄水国家森林公园—巫溪红池坝—城口黄安坝瑞雪飘飞旅游线。

(5)冬季乡村年俗体验巴士线

依托乡村集镇、古镇浓郁的年俗活动,依托乡村公交班车,开通乡村或古镇庙会线、乡村或古镇年货采购线、乡村婚俗体验线、乡村刨猪节体验线,满足城镇居民乡村民俗体验需求,如塘河婚俗、松溉长街宴、涞滩庙会等。

第三节　旅游交通客运服务系统

旅游交通客运服务系统由旅游交通创新服务、交通旅游融合示范点、旅游巴士形象工程三个子系统构成。以市场需求为导向，主要通过创新旅游交通服务，创建交通与旅游融合示范点，升级旅游巴士形象等完成旅游交通客运服务转型。

一、促进旅游交通服务创新

全市旅游交通要做到以“快进”聚人，以“慢游”留人，以“串珠成链”整体带动全域旅游蓬勃发展。以对外快速便捷、对内畅通互联的现代化综合交通体系为重要抓手，因地制宜、崇尚自然、生态环保的美丽交通走廊为重点建设对象，增强主干线通过能力，打通支线的微循环，形成多元、立体、无缝、绿色、安全、智能的现代交通系统。当前的主要任务是开通一批景区观光巴士、旅游公交专线，将旅游观光巴士、集散中心和汽车营地建设融入各区县交通与旅游融合发展中，加快完善“快旅慢游”服务体系，全力推进全域旅游发展。

1. 把“最后一公里”变成通途

实现以高速铁路、高速公路为大通道，以国道、省道为主骨架，以县、乡、村道为脉络的大交通格局，通过路网把各景区（点）串联起来，形成丰富多彩的旅游线路。建设高标准的连通高速公路至景区的专用旅游公路，对景区与主干线公路的连接线改造升级，专用旅游公路采用一级、二级公路标准。优先考虑旅游公路建设，景区与依托城镇之间、景区连接高速公路之间以二级以上公路贯通，新建或新改造通往大景区道路实现二级以上公路贯通。部分景区可采用设施齐全的旅游公路连接，中、小景区在原有交通干线的基础上进行升级改造，对于没有线路连接的景区，可修建普通公路，以实现景区互通。开行旅游直通车、专线车、网约车，实现城区与景区、酒店、公路客运站直连直通，打通旅游的“最后一公里”。

推进一种及以上“快进”交通方式通达市内4A级旅游景区，两种及以上“快进”交通方式通达5A级旅游景区。着力提升公路服务5A级旅游景区、国家公园和旅游度假区，进一步加大公路通达4A级旅游景区、国家级自然保护区、国家森林公园等保护区的深度。同时也要重视加大力度对景区内沿边景观道路、公路、观光小火车、索道、步道等设施的设计与建设。

强化“公路+飞机”“公路+铁路”“公路+游轮”“游轮+铁路”“游轮+飞机”等交通方式联运，把航空、铁路、地铁、公路、水路有机结合在一起，通过“零距离、无缝式”接驳服务，游客在各种交通工具之间形成轻松的无障碍换乘，基本形成“快进”旅游交通基础设施网络，提高旅游目的地的通达性和便捷性，实现游客远距离、快速进出目的地。

2. 把交通场站变成旅游综合体

利用闲置场站空间和资源，挖掘交通文化，通过创意开发和利用，充分利用游客在场站的停留时间，提供多样化的餐饮、文化、购物、娱乐、汽车租赁、旅游信息等服务，丰富交通场站的功能。继“厕所革命”之后，交通场站还需要在服务环境、设施、文化氛围、信息共享等方面大力改善，迎合现代游客的消费喜好和兴趣，把交通场站转变成旅游综合体或旅游热点，增加游客“慢游”的空间和方式。同时完善旅游观光巴士线路沿线及集散中心、公交站，更多地体现旅游服务功能，提升旅游形象和宣传旅游的作用，完善公交站旅游信息。

3. 把交通线路变成旅游风景线

以往旅游交通的关注点是安全、成本、利润、客流量，如今的旅游交通更加关注游客体验的舒适、准时、便捷、时尚、人性化等。旅游交通线路应结合沿线景观风貌和旅游资源，打造具有通达、游憩、体验、运动、健身、文化、教育等复合功能的主题线路，并根据条件适当增设自行车道、步游道等慢行设施。根据当地条件，加强公路与当地人文、风俗、建筑、农业的协调，修建风景优美的自行车赛道。风景道建设与各种类型的度假区、露营地、宿营地结合，各种观景台串联在一起，成为丰富多样的风景体系，使旅游目的地内部交通体系更加充实、丰盈。当前自驾游市场不断扩张，除了在信息平台提供详细、专业、针对性强的自驾游项目外，还应在交通线上增加自驾游的便利服务设施，建立各景点之间完善的道路体系，增设指向清晰的引导标识，扩大旅游区餐饮、居住配套，增加营地建设，增加道路服务站数量和丰富服务内容等，以提高自驾游的质量和安全保障。

4. 把“愉客行”变成智慧旅游交通服务平台

加大新型“互联网+”交通业态，充分利用现有的“愉客行”平台，开展网约、接送、定制、共享、穿梭、租赁旅游等交通服务；开展咨询、预订、导航等自驾出行服务；开展旅游交通指挥、管理和旅游运营车辆管理服务，增强服务能力。同时，加快互联网汽车连锁租赁、互联网停车、互联网车辆维修等交通服务建设，加强共享汽车分时租赁系统、新能源汽车充电模块等基础核心模块的开发运营平台落地网点建设，打造全域旅游直通车一张网，实现高铁、飞机与自驾车的自驾零换乘。借助云计算、物联网等技术布局重庆智慧旅游，为游客提供景区实时客流数据监控、人脸识别入园、智能线路推荐、一码乘车游重庆等服务。基于游客数据进行游客画像，为游客行程规划进行精准资讯推送，实现智能化旅游全服务流程管理。

5. 把被动交通服务变成主动创新服务

传统交通运输服务是等客上门的被动服务，有需求就服务。在新形势下，需要去发现旅客需求和创新需求。针对现代旅游追求个性化、小规模的特点，交通运输业需要细分市场，上门接送客，实施点对点旅游服务；需要在全市范围内，实现旅游租赁车服务的一地租车、异地还车、中间保障救援等游客自助驾驶租赁旅游汽车服务；需要在各类交通场站开通接驳或无缝换乘服务等。

二、创建交通与旅游融合示范点

充分利用交通场站资源,选择重要节点场站和节点码头,配套完善旅游咨询、旅游接待、旅游宣传展示、旅游信息发布、旅游产品展示展销等功能,使之转变成旅游综合体或旅游热点,塑造重庆旅游良好形象,创建交通与旅游融合四大示范点。

1. 龙头寺旗舰型旅游集散总部

龙头寺旅游集散中心位于重庆市北部新区天宫殿街道泰山大道东段 119 号(重庆火车北站南广场对面),于 2014 年 9 月 25 日正式投入使用,投资总额约 4.6 亿元,建筑面积约 3.7 万平方米,地上 16 层,地下 2 层,设有现代化旅游客运站场和 3 层共 1 万多平方米的旅游服务咨询、票务、旅游产品销售以及景区宣传推介等功能区,日均发送游客万人次以上。

(1)面临的主要问题

龙头寺旅游集散中心面临的主要问题包括:

①服务功能未得到充分发挥。一般各地区的旅游集散中心主要是为散客的旅游集散服务,但龙头寺旅游集散中心目前的实际情况却是散客进入的少,主要是旅行社的包车在集散中心始发,中心作为散客的自助旅游集散服务功能未能得以发挥。

②产品类型少。作为整个重庆区域的旅游集散中心,中心能提供的产品类型和数量十分少,最主要的产品类型是旅游直通车,最多时有 23 条线路,现只有 9 条。

③竞争激烈。火车北站片区内还有菜园坝旅游集散中心、龙头寺分中心以及公交旅游集散中心,"三英混战",谁的日子都不好过。

④旅游配套基础设施不完善。旅游集散中心需要完善的旅游配套设施,包括为游客提供便捷的市内交通;快捷的通信方式;良好的人居环境,包括绿地、空气质量、公共娱乐休闲场所等;方便的服务,包括高效完善、能适应市场需求

的旅行社、宾馆酒店以及商业与商务体系、信息处理和传播媒体等；食、住、行、游、购、娱等方面所必需的条件。而龙头寺旅游集散中心目前离这个要求还有一定距离。

（2）创建总体思路

整合龙头寺游客集散中心、火车站南北广场长途汽车站，实施场站提档升级、扩能，打造融游客集散、旅游咨询、旅游客运、旅游预订、旅游投诉、旅游购物为一体的游客集散中心，打造以散客为主的城市旅游集散中心的交通与旅游融合示范点。

（3）市场定位

龙头寺旅游集散中心市场定位主要是外地来渝旅游的自助游客（散客）、团队游客。

（4）功能定位

龙头寺旅游集散中心功能定位主要有：

①旅游集散功能，发售联票，组织外来和本地游客换乘后继续游程的旅游服务，本地旅行社团队游客集散服务。

②旅游咨询功能，向游客提供有关旅行、游览、休闲、度假等的非商业性咨询服务。

③旅游换乘功能，为进入本地区的旅游车辆提供停放场地，为游客提供旅游专线交通工具到达目的地的旅游服务。

④旅游预订功能，为游客提供一站式的机票、火车票、租车、游轮、景区门票、酒店、餐饮、娱乐活动等预订服务。

⑤同行地接功能，为旅行社、同行策划当地及其周边城市的旅游线路，以优惠的价格提供专业、优质的旅游地接服务。

⑥旅游投诉功能，为游客提供本地区旅游服务质量投诉服务。

⑦旅游购物功能，提供本地区特色旅游商品、纪念品、土特产品的展示、销售服务。

(5)支撑内容及项目

旅游集散中心20 000 m^2:中心大厅、展示厅、票务区、休闲服务区、行政管理区。

停车场:不小于5 000 m^2。

休闲娱乐设施:咖啡吧、书吧、茶吧、电玩室、棋牌室、餐馆等。

公共厕所:男女卫生间、第三卫生间。

标识系统:包括三张图——旅游集散中心区域分布示意图、运行线路图、安全疏散指示图;三标志——外围导入标志、内部引导标志、安全警示标志。

2. 南坪四公里综合型旅游集散中心

南坪四公里交通型旅游集散中心即南坪四公里综合换乘枢纽,位于南岸区四公里,处于四公里立交东北角,西侧为烟雨路、江南大道,南侧为海峡路,海峡路东向延伸连接内环线江南互通立交,依托江南互通立交,有城市快速干道、轨道交通环线和3号线与之衔接,占地9.89万 m^2。四公里综合换乘枢纽分为主体建筑区、长途客运停车区、半室外换乘区、商业配套服务区、站前广场区五部分。换乘枢纽建成后,从负一楼到二楼分别有公交、轨道交通、长途车的接口,客流可通过电梯进入各楼层换乘其他交通工具。换乘中心设电子屏幕,为乘客指引方向。南坪四公里交通换乘枢纽在主城9个综合交通换乘枢纽中处于都市圈较中心的区域,其主要功能定位于市内和市际的长途客运旅客客流集散,并通过轨道交通、常规公交、出租和社会车辆等交通方式,兼顾旅客中转与换乘及“车港”功能。南坪四公里综合换乘枢纽能够方便贵阳、沿江方向的旅客换乘,同时为南坪组团及周边其他地区乘客提供常规公交和轨道交通的换乘服务。

(1)面临的主要问题

南坪四公里交通换乘枢纽面临的主要问题是场站闲置空间较大,二楼和三楼闲置场站空间约1.5万 m^2,另外还有160多亩备用地可用;部分交通标识不明显,标识设计无特色。

（2）创建总体思路

整合南坪四公里交通型旅游集散中心，实施场站提档升级、扩能，打造融游客集散、旅游咨询、旅游客运、旅游预订、旅游投诉、旅游住宿、旅游购物、游憩、休闲娱乐为一体的主客共享型城市旅游集散中心、旅游综合体的交通与旅游融合示范点。

（3）市场定位

南坪四公里交通换乘枢纽的市场定位主要为本地居民及自助游客（散客）、外来自驾游客及自助游客（散客）、团队游客。

（4）功能定位

南坪四公里交通换乘枢纽的功能定位包括：

①旅游集散功能，发售联票，通过旅游直通车、专题游线，组织外来和本地游客换乘后继续游程的旅游服务，本地旅行社团队游客集散服务。

②旅游咨询功能，向游客提供有关旅行、游览、休闲、度假的非商业性咨询服务。

③旅游换乘功能，为进入本地区的旅游车辆、自驾车提供停放场地，为游客提供旅游专线交通工具到达目的地的旅游服务。

④旅游预订功能，为游客提供一站式的机票、火车票、租车、游轮、景区门票、酒店、餐饮、娱乐活动等预订服务。

⑤同行地接功能，为旅行社、同行策划当地及其周边城市的旅游线路，以优惠的价格提供专业、优质的旅游地接服务。

⑥旅游投诉功能，为游客提供本地区旅游服务质量投诉服务。

⑦旅游购物功能，提供本地区特色旅游商品、纪念品、土特产品的展示、销售服务。

⑧旅游住宿功能，为外来游客提供特色酒店、民宿等住宿服务。

⑨休闲娱乐功能，为本地居民和外来游客提供娱乐、休闲、餐饮服务。

（5）支撑内容及项目

旅游集散中心 30 000 m^2：中心大厅、展示厅、票务区、休闲服务区、行政管理区。

停车场，不小于 8 000 m^2，集散换乘与专线停车场不小于 5 000 m^2，外来旅游车及自驾车停车场不小于 3 000 m^2。

特色酒店或民宿：以交通文化为主题的特色主题酒店或民宿、汽车旅馆。

休闲娱乐设施：影院、咖啡吧、书吧、茶吧、电玩室、棋牌室、餐馆等。

公共厕所：男女卫生间、第三卫生间。

标识系统：包括三张图——旅游集散中心区域分布示意图、运行线路图、安全疏散指示图；三标志——外围导入标志、内部引导标志、安全警示标志。

3. 双凤桥临空文创景区型旅游集散基地

双凤桥临空文创景区型旅游集散基地即双凤桥场站，该场站位于渝北区双凤桥立交东南向，北侧为国道 319 线，西侧为国道 210 线，东侧、南侧均为机场控制用地，邻近轨道交通 3 号线空港开发区站和公交双凤枢纽站场，是重庆主城 9 个综合交通换乘枢纽之一。双凤桥交通换乘枢纽于 2015 年底投入使用，用于实现集长途客运、市区公交、轨道交通及社会车辆于一体的多种运输方式的有效换乘。

双凤桥交通换乘枢纽站占地 8 万 m^2，建筑面积 18 300 m^2，主体大楼为地下三层、地上两层，由换乘广场、换乘大楼、长途汽车发车场、公交车专用港、出租车专用站台及服务楼等组成。其中，最下面两层为社会车辆停车库，共设置 600 多个停车位；负一楼为旅游集散中心、公交车上下客区、长途汽车站候车大厅和换乘区；一楼为长途汽车售票厅，以及轻轨、出租、公交的换乘大厅；二楼为轻轨站台和售票厅。双凤桥交通换乘枢纽除提供常规的长途客运和市内居民的中转与换乘服务外，主要还提供机场旅客的市内和市域换乘服务，同时还具备多式联运功能、旅游交通功能及“车港”功能。其对外客运主要提供邻水、达州方向的长途客运服务，同时为两路组团及周边其他地区提供公交出行服务。

（1）面临的主要问题

双凤桥换乘枢纽作为最靠近机场的换乘枢纽，为机场游客提供了市内和市域的换乘服务，但由于场站离机场还有 3 km 距离，机场游客到该站不方便（轨道要绕，公交线路少，目前仅 608 一条线），机场游客被截流情况严重，机场旅游的市内和市域换乘功能未得以体现。在旅游客运方面，开通有 5 条旅游直通车和少量的季节性旅游直通车。季节性旅游直通车与其他旅游集散中心重复，因位置吊边，客源方面不占优势。吊边的地理位置使双凤桥旅游集散中心主要以渝北的乡村旅游为主，虽有区政府的补贴，但面临乡村旅游车辆型号受限以及主城区游客不将之作为出发地选择等问题。

（2）创建总体思路

利用渝北双凤桥场站，以文创形式，通过对交通历史文化的挖掘、创意策划、设计，形成交通+场站文创的交通与旅游融合创新产品，打造活态中国交通历史博物馆、国家 4A 级旅游景区的旅游综合体和交通与旅游融合示范点。

（3）市场定位

双凤桥交通换乘枢纽的市场定位主要是本地及外来自助游客（散客）、团队游客。

（4）功能定位

双凤桥交通换乘枢纽的功能定位是交通文化、历史展示与怀旧情怀、参观游览；娱乐休闲体验；旅游集散（对接周边乡村旅游景点）。

（5）支撑内容及项目

展陈类项目。中国交通历史博物馆（古代交通馆、近代交通馆、现代交通馆、重庆交通馆或重庆交运发展史馆、公路交通馆、铁路交通馆、航空交通馆、水运交通馆），通过文字、图片、视频、实物、模型等，展示人类交通发展历史和文化。设置老车站，收集老式客货车、机车、老飞机、交通票证等，展示汽车文化、车生活（老交通信号灯、车标、车牌、轮胎、方向盘等）。

参与体验性项目。老式（有轨、无轨）电车乘坐体验、越野驾乘体验、现代赛车体验。

休闲娱乐性项目。咖啡吧（怀旧风格内装，可用车标、车牌、方向盘、轮胎、汽车座椅装饰点缀）、餐饮店、电玩（模拟赛车）、汽车影院。

文创商品。创意设计开发与汽车文化、交通运输相关的旅游商品、旅游纪念品、旅游实用品，如车载用品、旅行帽、T 恤等。

公共厕所：男女卫生间、第三卫生间。

标识系统：三张图——导游全景图、游程线路图、导览图；两块牌——景物说明牌、方向指引牌；三标志——外围导入标志、内部引导标志、安全警示标志。

4. 弹子石水陆联动型旅游集散中心

弹子石水陆联动型旅游集散中心即弹子石码头，位于长江右岸长嘉汇弹子石及现公运集团歇石码头处，是弹子石轮渡码头和歇石货运码头的总称，与朝天门、江北嘴隔江相望。拥有岸线约 350 m，岸上货场约 5 000 m^2，周边对接的陆上景点有弹子石老街、法国水师兵营、慈云寺、南滨路、长江索道南滨路站，交通方便，位置优越。

(1) 面临的主要问题

弹子石码头面临的主要问题是除作为轮渡停靠外，其余功能基本消失，货运码头基本废弃，货场作为临时停车场使用。

(2) 创建总体思路

整合弹子石货运码头、轮渡码头，对接朝天门两江交汇、陆上弹子石老街、法国水师兵营、慈云寺、南滨路、长江索道南滨路站等景点，结合服务山水都市风情一日游、两江游，打造山水都市风情及水上旅游集散中心的旅游综合体和交通与旅游融合发展示范点。

(3) 市场定位

弹子石码头的市场定位为山水都市风情一日游及两江游团队游客、自助游客（散客）。

(4)功能定位

弹子石码头的功能定位为两江游及团队游客接待集散、游轮停泊编班始发、旅游咨询、票务、文化展示、观光休闲等。

(5)支撑内容及项目

岸上旅游集散中心 20 000 m^2:中心大厅、票务区、展示厅、休闲服务区、行政管理区。

航运(轮渡)历史文化展示馆:在集散中心大厅设置,通过视频、图片、实物、模型等,展示重庆航运(轮渡)历史文化,供游客参观游览。

观光休闲项目:两江交汇及夜景观光平台、老船长咖啡屋。

岸上停车场:不少于 3 000 m^2,30 个大客车位、100 个小车位。

公共厕所:男女卫生间、第三卫生间。

标识系统:包括三张图——旅游集散中心区域分布示意图、运行线路图、安全疏散指示图;三标志——外围导入标志、内部引导标志、安全警示标志。

容量规模:水上大型趸船 2 个(85 m×20 m)、中型趸船 2 个(65 m×20 m);泊位 4 个(500 吨级)。

最大单船停泊能力:3 000 t(总吨)。

游客吞吐量:200 万人次/年。

岸线长度:350 m。

水陆对接方式:电动扶梯、栈道。

三、升级旅游巴士形象

旅游巴士不仅是一个单一的交通设施,还是一个以巴士为核心的高端旅游服务体系,在一定程度上,反映了一个区域旅游的国际化程度和服务水平。以旅游市场需求为导向,加强旅游巴士改造,提升其舒适性、文化性、体验性、智能化,以统一巴士车型、统一巴士车身、统一车内设施、统一司乘人员服装、统一巴士服务标准的“五统一”升级旅游巴士整体形象,让旅游巴士成为城区与城区间、城区与景区间、景区与景区间流动的风景线。

1. 统一巴士车型

根据功能定位和服务范围，全市旅游巴士可分为3种：加长型（景区交通）、双层巴士（城区观光）、标准型（郊县景区直通车）。可采取车辆定制模式，统一车型，采用最先进的纯电驱动，实现零排放、低噪声，设置减震可调式座椅以适应重庆山地旅游，提高游客的舒适性。结合巴士运行路线和重庆地域文化，打造具有特色的车型外观，形成大、中、小同风格的系列产品，注意车内环境和司乘人员服饰与其主题呼应，从而提升旅游交通的文化内涵，营造良好形象的同时，也极大地增强游客对旅游大巴的辨识度和信任感。

2. 统一巴士车身

选择能体现重庆文化特色的颜色及重庆旅游或重庆旅游交通的Logo，打造重庆旅游品牌形象，提高旅游交通运输企业文化。车身广告位要与旅游景点和旅游形象紧密结合，利用广大群众喜闻乐见的形象，体现山城风貌和旅游特色，成为宣传重庆旅游文化的重要方式。必须以典型地域文化作为旅游巴士形象设计的主要元素，才能使游客多渠道地了解当地的优秀文化，从而产生地域情结，提高重庆旅游的吸引力和美誉度。在此基础上还需要进行不断延伸和创新，构建出系列造型元素，以丰富旅游大巴形象及其旅游产品。

3. 统一车内设施

车内设施不仅要安全、舒适、丰富，还要有创意，塑造重庆旅游巴士的个性，让游客耳目一新。首先，车内适当位置应张贴本线路的站名排序、票制票价、服务监督电话、乘客须知、服务公约等；配置智能电子导览系统，多国语音播报系统，车载多媒体显示屏采用中英双语播报，随车辆运行轨迹的变化同步游览信息，向游客全方位展现沿线名胜的景观风貌和历史源流，并可实现到站提示、景区推介、旅游指南、商业分布、酒店信息的相互呼应；车内设有小型展示台，免费提供旅游地图、景点介绍、吉祥物、地方特产和旅游纪念品等，同时配备自动售水机和饮水机，提供冷热水服务、急药箱等；配备支持公交IC卡、微信、支付宝、手机 App、银联在线等移动支付方式的设施设备；提供免费 WiFi，每个座椅配备 USB 充电接口；结合美食、酒吧、演艺、文创等元素，AI 智能体验，实现刷脸上车、智能货柜、自助翻译、智慧导览等功能。

4. 统一司乘人员服装

根据车身颜色、车内环境，结合重庆文化特色，为旅游大巴的工作人员量身定做出美观大方、具鲜明特点的职业装。根据司机和导乘人员的工作性质，结合重庆气候的变化，不同季节的服装整体风格一致但有明显差异。全市旅游大巴司乘人员统一着装，且保持衣着整洁、仪表端正，良好的仪容仪表不仅是对工作和游客的尊重，也是对外地游客展现重庆旅游形象的一个窗口。通过统一的服饰，让游客处处感受到景区的元素，时时体验到景区的氛围，整个行程的各个环节都能享受到人性化的体验，将旅游产业的交通打造成个性化的旅游产品。

5. 统一巴士服务标准

根据国家相关标准制定行业标准，尽早出台《重庆旅游巴士设施与服务规范》，在车辆设施、服务规范、智能信息服务、站点设施、运营安全、监督检查与评价等方面进行明确规定与标准，彰显标准化服务的优势，提升行业整体水平。同时注重提高工作人员的服务意识，加强管理的同时定期进行专业培训，考核上岗，切实提高旅游巴士工作人员的整体职业素养。

第四节　交通旅游创新产品体系

交通旅游创新产品体系包括“交通+”创新产品体系、创新自驾游产品体系、重庆山水都市风情旅游产品体系、长江三峡游轮旅游产品体系 4 个子系统。创新交通旅游产品，一是充分利用交通运输行业丰富的场站资源，利用旅客在场站集散优势，将部分有条件的、区位好的场站建设成集客运服务、物流配送、住宿餐饮、旅游集散、娱乐购物等功能一体的区域性交通旅游综合体。二是要以

“交通+”为重点进行开发设计，才能形成交通与旅游融合的创新产品体系。

一、开发“交通+”创新产品

以“交通+”为抓手，以现有交通功能为基础，开发交通与旅游融合创新产品，打造交通与旅游融合产品体系。拓展交通+景区、交通+住宿（驿站、汽车旅馆）、交通+物流基地购物、交通+车载服务、交通+旅行社、交通+场站文创等系列产品。

1. 交通+景区类产品

以游客为中心，构建无缝对接、安全高效的交通+景区产品体系，主要从丰富通达景区的交通线路类型和新建景区内自驾车营地等方面入手。

（1）丰富通达景区的交通线路类型

依托现有的交通场站、交通线路和旅游景点品质状况，结合游客出行意愿和规模，开行四类通达景区的交通线路，即通达4A级以上景区的旅游直通车、直达城镇周边景点的公交巴士线、铁路航空+公路水路+景点无缝对接组合交通线路、多景点串联穿梭式旅游交通环线。

（2）在重要景点内新建自驾车营地

通过与景区产权方合作，共建自驾车营地，可在车辆服务上提供较大便利。营地内可以设置木屋住宿区、帐篷露营区、儿童游乐区、户外运动区、露天活动区、商务活动区、宠物活动区等特色功能区，提供包括住宿、加油、充电、汽车维修、应急救援、综合信息咨询、商品零售等相对综合化的自驾车服务。

（3）在通达重要景区道路线建设游憩平台

在通达4A级以上旅游景区沿线，选择合适地段，建立游憩、观景平台。尤其是三峡库区、武陵山区这两个区域，众多的山地、峡谷地貌、河流地貌景观十分幽美，通过在经行此区域的道路旁设置融观景平台、简单餐饮、简单游乐和公服设施为一体的综合型平台，将大大增强慢游的体验感。

2. 交通+住宿类产品

随着自驾车旅游市场的壮大和重庆市公路网的日益完善，旅游驿站和汽车旅馆已获得最佳的拓展契机。主要从三个方面推进：

(1)建设旅游交通驿站

在风景较为幽美的景观公路沿线选址，如国道319线穿越渝东南山地景观区构成乌江风景道、国道212线穿越三峡库区构成长江风景道，按照特色化、人性化和生态化的原则，建设旅游交通驿站。驿站功能包括停车、观景、信息咨询、业务查询与接待、游客休憩、如厕等功能需求，个别驿站根据地理位置和建设规模设置餐饮、住宿、特产商场等服务项目。

(2)建设汽车旅馆

在部分通达重要景区的高速公路下道口或4A级、5A级景区道路入口节点建设汽车旅馆，除提供一般旅客投宿过夜外，也提供限时短暂的住房(休息)服务。汽车旅馆的建设应做到设施简而不陋，省掉一切旅客不需要的设施和豪华装饰；服务少而不差，提供方便、快捷、卫生的服务。汽车旅馆还应提供高质量的汽车检修、医疗救护、旅游及向导服务、户外旅游设备租赁等服务项目。

(3)改建或新建特色住宿设施

交通场站改建或新建特色住宿设施。将部分位置偏远、空间闲置多但周边有休闲游憩点的交通场站改造为自驾车泊车点，并配上相应的各类型住宿设施。在城镇区部分交通场站开辟特色住宿设施，满足游客住宿需求。

3. 交通+购物类产品

充分利用交通运输行业龙头骨干企业庞大的物流渠道、物流基地、物流车辆及场站基地，利用好双福农产品资源、盘溪—观音桥农产品资源、渝新欧海外商品资源及各区县农副产品配送线路资源，开展线下、线上物流融合发展。

(1)建设地方特色购物品展示销售中心

利用闲置的交通场站或物流基地专门辟出可供游客购物的区域，进行体验式购物环境建设。同时依托交通运输行业龙头骨干企业旗下线上智慧物流公共信息平台，植入多元化旅游商品，满足市内外游客“在重庆买海外”“在市外买重庆”的旅游购物需求。

(2)建设旅游购物品物流网络体系

利用全市众多的交通场站资源和深达乡村的交通线路优势，建设重庆旅游购物品物流+快递服务网络体系。这样可以将重庆各区县的地方土特产、农副产品和手工艺品，重庆保税港内的欧盟奢侈品等方便快捷地送到游客或顾客手中。

(3)扩大“捷易购”交通与旅游融合购物品牌影响力

利用交通运输行业龙头骨干企业重庆交运集团已经建立的“捷易购”购物平台，在“愉客行”线上平台和全市所有的交通场站设置交通与旅游融合购物品示范点，采取连锁加盟、特许经营方式推广“捷易购”购物品牌。

4. 交通+车载服务产品

依托智慧交通服务平台，拓展旅游车载服务内容，创新车载服务方式。建设内容包括：一是为所有旅游车辆提供车载旅游信息服务，包括路径检索、资讯服务、紧急通报、被盗通知、道路救援、远程维护、道路导航、车载定位、免费 WiFi 等信息服务。二是在部分重要旅游线路的旅游巴士上配置车载导游服务，包含电子导游服务和人工导游服务，其采取形式可以是车载景区介绍 DVD、车载电子语音播报、地方购物品推销等。三是在所有旅游巴士上配置车载饮用水设施、应急救援药品、车载娱乐设备等。

5. 交通+旅行社产品

依托交通运输行业庞大的从业人员数量优势，多类型车辆及线路优势，以及交通旅行社(如天涯旅行社、平湖旅行社)和众多的旅游集散中心资源，整合组建交通旅行社集团公司或交通旅游集散联盟(运营公司)，开发设计个性化、定制式旅游线路产品，如研学旅游线路，线路服务全市中小学生需求；老年乡村购物公交巴士线，主要满足城镇老年人乡村购买绿色农产品需求；直通 4A 级以上景区、旅游度假区快速巴士线，满足都市观光客、度假客需求；主城网红景点旅游公交专线，满足市外游客都市旅游需求；周末都市郊野休闲公交巴士线路，满足城市居民周末休闲需求；区域多景点顺路穿梭巴士线，满足同一线路、多点停靠游客需求。

6. 交通+场站文创产品

文创旅游产品是一种新型的旅游产品，由文化创意产业和旅游产业融合而形成。一个地方的文化是最能彰显地方特色，也是最吸引游客的要素。因此，基于重庆各地的文化资源，开发交通+场站文创旅游产品，既推广重庆的城市文化，又提升场站的综合收益。场站文创产品由文化纪念产品、文化体验产品、文化演艺产品、文化饮食产品 4 类组成。三、四级场站文创产品的开发以售卖文化纪念产品为主，在场站内规划特定区域，使该区域成为游客购买地方特色产品的集中区。必须发掘能充分反映重庆各地历史和文化资源的独特的旅游纪念商品，如基于非遗技艺的文创产品、体现特色餐饮的文创产品、以茶竹文化为基础的文创产品等。一、二级场站文创产品的开发除文化纪念产品的售卖外，还应在现有场站空间内叠加文化创意旅游体验功能，以丰富游客体验为目的，使游客体验到地方独特的饮食、文化，重点在于文化体验产品、文化演艺产品和文化饮食产品的开发。

二、创新自由随心的自驾游产品

1. 交通与旅游融合，打造“租车+旅游”自驾游模式

自驾游简单地说就是自己驾驶汽车出游。自驾游由于具有自由化与个性化、灵活性与舒适性、自主性与选择性的特征和优势，越来越受到人们的喜爱。在中国，随着汽车进入家庭，以及公路交通状况的改善，自驾游越来越成为一种时尚的生活方式。尤其是近年来，由于经济的发展、消费模式的升级以及休假制度的改革，自驾游成为主要出游方式之一，而加速推进自驾游成为全域旅游发展的重要环节和内容。

自驾游从组织形式看，主要分为无组织和管理的自驾游、有组织和管理的

自驾游两种。无组织和管理的自驾游，就是人们自发组织，大多以家庭或亲朋好友为单位，按照自己的主观意愿和兴趣计划出游行程线路，制订旅游规划，驾车出游的一种旅游方式。这种方式属于自助旅游，自由但缺服务。

有组织和管理的自驾游是由专门的部门或机构组织游客，并为游客提供自驾游期间的一切服务的一种旅游方式。目前国内自驾游主要有营利性和非营利性两种组织模式。

据《中国自驾游发展报告 2017—2018》，到 2018 年底，自驾游在国内旅游的占比达到 63%，约 35 亿人次，但有组织和管理的自驾游占比不到 10%，其余皆为无组织和管理的零散式自驾游。未来有组织和管理的自驾游产品在旅游市场发展中充满可能性，大有可期。

由旅行社组织的自驾车出游的营利性模式，大多数旅行社只能为自驾车旅游者提供订房、订餐及汽车维修等基本服务，而不能提供的让游客自己驾驶车辆；而由汽车租赁公司组织的自驾车出游，虽能提供让游客自己驾驶的车辆，但其不熟悉旅游行业业务，为自驾游客提供的旅游服务品质不高。由车友会或汽车俱乐部组织其会员进行的非营利性自驾游活动，虽为会员提供拖车、救援及线路指引、食宿娱乐等有关服务，但俱乐部本身不具备营利性企业的法定资质，因此这种组织方式不能以营利为目的。

交通运输行业拥有丰富的交通运输资源，尤其是行业龙头骨干企业，比如重庆交运集团，旗下拥有交通场站、港口码头、船舶、车辆及车辆租赁、线路等营运资质，以及旅行社、“愉客行”平台等资源，可以通过“交通+旅游”跨界融合，整合旗下资源，利用“愉客行”平台，打造“租车+旅游”的自驾游模式，开发设计系列自驾游产品，为自驾游客提供多种包括适用车型选择、全国异地还车、全能旅行装备、丰富线路安排、多重安全保障、便捷自由选择等一站式自驾游高品质服务，使自驾游具有产业化规模，完成批量操作。

2. 创新开发设计自驾游产品

开发设计自驾游产品，应充分考虑自驾游客的多元化、个性化需求，形成多样化、有落地帮助、有体验的自驾游产品体系，包括自驾自由行产品、自驾半自由行产品、包车自由行产品、包车半自由行产品等。

自驾游产品开发设计，产品要注重产品主题化（多样化主题），并围绕主题把其核心的“游”的内容文章做足，增加游、购、娱所占的比例，只有使构成“游”的诸要素得到充分的展示，才能展示自驾游的魅力，吸引游客。

自驾游产品开发设计，要注重产品品质化，挖掘休闲、养生、生态、文化等融合发展的旅游产品，使产品和服务具有体验性。

三、开发水陆融合的重庆山水都市风情旅游产品

围绕重庆“山水之城·美丽之地”都市形象，依托重庆“两江四岸”独特的自然山水旅游资源、历史文化旅游资源、现代人文及社会资源，充分利用交通运输行业拥有的航运资源（码头、船舶、航线）、城市公共交通资源（巴士、线路、索道、轻轨）、公路运输资源（场站、线路、车辆）等，通过“交通+”“旅游+”模式，整合水陆资源，将旅游与交通、水上与陆地深度融合，融入江河、港航、船舶等水运元素，开发设计水陆融合的重庆山水都市风情旅游产品，展现重庆“城在山水间，山水在城中”的独特魅力。

水陆融合的重庆山水都市风情旅游产品应以无缝对接的水陆转换为关键，实现“水+陆”“船+岸+景”的联动融合，让游客从多个视角欣赏山城美景。同时，要以文化融入为内核，充实旅游活动的文化氛围，延展和丰富山水都市旅游内容，让游客不仅是看一次山城美景，也是体验一次重庆本地文化，从而增加和提升游客体验，提档升级重庆山水都市旅游，切实有效地支撑“国际知名旅游目的地”的战略目标。

1.“3D 魔幻重庆”主题山水都市风情一日游

（1）设计思路

以重庆立体而魔幻的山城地貌特征为主要吸引点进行设计，选取沿江能体现重庆立体城市特色的资源点进行线路的编排。本条线路主要展现重庆的 3D

地貌特色，表现出背山面江的独特地理特点，同时又要淋漓尽致地展现重庆的山城、江城、桥城等特色，力求将一个独特又灵动的重庆展现在中外游客面前。

在交通上选择了水陆空三者结合的重庆特色交通工具来串联资源点，力求让游客从不同的角度欣赏山城美景。其中游船全程跟随团队运行，船上提供中、晚餐服务，中餐提供别具风味的重庆江湖菜，晚餐提供火锅。

该条线路适合所有的市场群体，但主要吸引的是境外以及市外来渝游玩的团队以及散客。

(2)产品特色

①欣赏“最重庆”的立体景观。

游览最具巴渝传统建筑特色吊脚楼为主体的“立体式空中步行街”洪崖洞，漫步“三层马路”，感受重庆那一份独特的山城风情；游览磁器口古镇，感受承载着诸多文化精华、被视为重庆古城缩影和象征的“一条石板路，千年磁器口”；体验最经典的红色景点白公馆和渣滓洞。

②感受“最重庆”的特色交通。

水上乘坐船游两江，欣赏两江四岸依山傍水的山城景观及美轮美奂的重庆夜景；陆地体验重庆网红轨道交通 2 号线(曾家岩站—李子坝站)，独具重庆特色的轨道交通 2 号线穿墙而过的瞬间不容错过；空中体验被誉为“万里长江第一条空中走廊”和“山城空中公共汽车”的长江索道。

③ 品味“最重庆”的美味餐饮。

重庆江湖菜、重庆火锅。

(3)产品线路与活动内容

① 产品线路流程。

朝天门—轨道交通 2 号线、三层马路—磁器口、白公馆、渣滓洞—洪崖洞、长江索道。

② 具体行程安排。

上午：朝天门上船，欣赏两江交汇、沿江景观，大溪沟靠岸乘坐轨道交通 2

号线至李子坝。徒步体验重庆的“三层马路”。第一层马路感受的是繁华背后被妥帖安放的遗址和故居:李子坝抗战遗址公园、史迪威博物馆、飞虎展览馆等,欣赏这些遗址故居时,轻轨从头顶飞驰而过;第二层马路会路过依山傍水、各有特色的重庆江湖菜馆,就这样轻轻地“从你的全世界路过”;第三层直达重庆鹅岭贰厂文创园区,这里曾是国民政府中央银行印制厂,专门负责生产粮票、肉票、代金券等的制币厂,现在变成了一处工业遗址,演变成一座充满文艺气息的文创公园,在这里,可一边看长江,一边欣赏嘉陵江,这也是立体重庆的一个投影。最后下山,游览重庆天地。

中午:从化龙桥码头上船,在船上享受特色川味菜肴。

下午:磁器口靠岸,游览全国唯一位于特大城市中心区的古镇磁器口,这里会集了沙磁文化、巴渝文化、战时首都文化、红岩文化等丰富多彩的文化精华,是重庆市响亮的历史文化名片。游览了磁器口后再前往沙坪坝歌乐山红岩魂广场,游览红色经典景点白公馆、渣滓洞。

晚上:返回船上,品尝重庆火锅。

饭后:船上欣赏重庆夜景,由洪崖洞码头上岸,感受每一层出来都是马路的重庆魔幻感;感受长江索道,从空中俯瞰山城夜景。最后南滨路散团。

2.“三都重庆”主题历史文化一日游

(1)设计思路

该产品以重庆的三次建都历史为主题进行设计,重庆曾经是古代巴国首都、农民革命政权大夏国国都、抗日战争期间国民政府的首都,所以素有“三都之地”的称谓。在线路编排上,利用朝天门—弹子石—江北嘴怀旧渡轮来串联三地能体现巴文化特色、大夏国特色以及战时首都文化特色的资源点。该条线路根据夜晚不同的安排设计了两条线,可在产品试产试销之后决定是两线并行还是只留下市场认可度更高的一条。

产品主要是针对对历史文化比较感兴趣的老年市场推出。主要安排在春秋两季,这时气温不冷不热,且旅游市场刚好处于淡季,这个时候出游既符合老年人身体特点,又满足旅游市场以淡补旺的需求。

(2)产品特色

①历史与现代的碰撞。参观巴蔓子墓、明玉珍皇帝陵、重庆抗战遗址博物馆,回味重庆三次建都历史;参观三峡博物馆,了解三峡及重庆的变迁;参观重庆人民大礼堂,欣赏其将中国传统宫殿建筑风格与西方建筑的大跨度结构的巧妙结合;参观重庆科技馆,活到老,学到老,永不落伍;感受解放碑作为城市 CBD 的现代商业风采,欣赏全中国唯一的一座纪念中华民族抗日战争胜利的国家纪念碑。

②江景、山景的完美结合。活动内容安排有:朝天门看两江汇流,南山上俯瞰渝中半岛,一览重庆山水景观。

③重庆特色交通体验。体验重庆的怀旧轮渡。轮渡穿行于朝天门、弹子石、江北嘴之间,一边欣赏两江交汇、朝天扬帆、桥都风采、现代都市,一边领略重庆的历史变迁,感受重庆情怀。

④特别餐饮设计。本产品的线路 1 中特别安排江北嘴美食体验,而线路 2 中特别安排前往南山享用当地特色美食——泉水鸡和泉水豆花。泉水鸡口味香辣,根据老年人肠胃特点,可降低香辣度。

(3)产品线路与活动内容

①产品线路流程。

线路 1:大礼堂—三峡博物馆—巴蔓子墓—通远门—解放碑—朝天门—重庆抗战遗址博物馆—一棵树—重庆大剧院—重庆科技馆—江北嘴中央公园(明玉珍皇帝陵)—朝天门。

线路 2:大礼堂—三峡博物馆—巴蔓子墓—通远门—解放碑—朝天门—重庆大剧院—科技馆—江北嘴中央公园(明玉珍陵墓)—重庆抗战遗址博物馆—一棵树—朝天门。

②具体行程安排。

线路 1:

上午:游玩大礼堂、解放碑、朝天门,感受重庆自然、抗战、政治经济文化内涵;游通远门,参观巴蔓子墓,了解重庆作为古代巴国首都的历史以及巴蔓子忠肝义胆的传奇经历。

中午:享受具有重庆风味的适合老年人的特色川味菜肴。

下午:朝天门乘怀旧轮渡到弹子石,参观在原"重庆黄山抗战遗迹"基础上修缮而成的重庆抗战遗址博物馆,在一棵树俯瞰重庆渝中半岛山城特色。参观完后返程登上怀旧轮渡,前往江北嘴,游览重庆大剧院、重庆科技馆、江北嘴中央公园,参观明玉珍皇帝陵,了解仅 7 年的大夏国历史。

晚饭:江北嘴美食。

饭后:江北大剧院欣赏戏剧,然后乘轮渡回朝天门。

线路 2:

上午:游玩大礼堂、解放碑、朝天门,感受重庆自然、抗战、政治经济文化内涵;游通远门,参观巴蔓子墓,了解重庆作为古代巴国首都的历史以及巴蔓子忠肝义胆的传奇经历。

中午:享受具有重庆风味的适合老年人的特色川味菜肴。

下午:朝天门乘怀旧轮渡前往江北嘴,游览重庆大剧院、重庆科技馆、江北嘴中央公园,参观明玉珍皇帝陵,了解仅 7 年的大夏国历史。参观完后乘怀旧轮渡到弹子石,参观在原"重庆黄山抗战遗迹"基础上修缮而成的重庆抗战遗址博物馆,了解重庆作为战时首都的十年(1937—1946)历史。

晚饭:南山美食。

饭后:一棵树观看重庆夜景,然后回朝天门。

3."红岩精神"主题红色文化体验一日游

(1)设计思路

重庆是著名的战时首都,有着丰富而深沉的红色文化。渣滓洞—白公馆—歌乐山这条路线一直是接待市内外一日游游客必去的景点。本线路主要是将水上观光项目融入红色一线,利用嘉陵江客运航线将渝中区的中山四路、人民大礼堂、三峡博物馆与沙坪坝区的磁器口、渣滓洞、白公馆结合在一起，将景点游玩方式设计为轻量级的徒步线，比普通观光线要累，比较适合年轻人，因此除红岩景点之外，还加上了比较“文青”的一些景点，如鹅岭贰厂和磁器口后街。

在交通方式上选择以嘉陵江水上巴士进行串联，中间穿插轨道交通 2 号线和长江索道。

本产品的适宜客源群体为外省年轻游客及本地高校学生，以外省为主。线路带有半自助的形式，故餐饮不做安排，由游客自理。

(2)产品特色

①最深度的红岩体验。漫步重庆最美街道之一中山四路，感受抗战文化和红岩精神；徒步歌乐山，游览全国重点文物保护单位——“中美合作所”集中营旧址，深入了解抗战时期歌乐山革命斗争、国民党军统局、“中美合作”所相关史实，感悟红岩精神的精髓。

②最文艺的重庆之旅。参观重庆人民大礼堂，欣赏其将中国传统宫殿建筑风格与西方建筑的大跨度结构的巧妙结合；参观重庆三峡博物馆，了解三峡及重庆的前世今生；漫步三层马路，体验最文青的鹅岭贰厂文创公园，“从你的全世界路过”电台所在地；游览最安静的磁器口，游览磁器口后街重庆记忆博物馆、瓷工坊等；感受解放碑作为城市 CBD 的现代商业风采，欣赏中国唯一的一座纪念中华民族抗日战争胜利的纪念碑。

③重庆特色交通体验。体验重庆网红轨道交通 2 号线(曾家岩站—李子坝站)，独具重庆特色的轨道交通 2 号线，穿墙而过的瞬间不容错过；体验两江“水上巴士”。

(3)产品线路与活动内容

①产品线路流程。朝天门—中山四路—大礼堂—三峡博物馆—2 号线体验(曾家岩站—李子坝站)—三层马路—鹅岭贰厂文创公园—磁器口后街—歌乐山红岩景点徒步—洪崖洞—长江索道。

②具体行程安排。

上午：朝天门上船，欣赏沿江景观。大溪沟靠岸游玩中山四路、大礼堂、三峡博物馆。中山四路是抗战文化一条街，也是重庆最美街道之一。这条街上除了有属于红岩连线景区的特园、周公馆和桂园外，还有戴公馆、张公馆、张骧公馆、国民政府总统府旧址等。入选"首批中国 20 世纪建筑遗产"名录的重庆市人民大礼堂是一座仿古民族建筑群，是重庆十大文化符号，也是重庆独具特色的标志性建筑物之一，同时还是 4A 级旅游景区。三峡博物馆内收藏有巴蜀青铜器、汉代雕塑艺术品等各类文物上万件，展示了山城的发展历史。馆内的"壮丽三峡"展厅里，还收集了大量三峡库区的实物，真实再现了三峡原貌。参观完后乘坐轨道交通 2 号线抵达佛图关，顺三层马路而上，到达鹅岭贰厂文创公园参观。参观完后从化龙桥码头上船前往磁器口。

午餐：自理，游客自行选择在鹅岭贰厂或磁器口用餐。

下午：抵达磁器口码头，经磁器口古镇高石坎或琼缘秀坊或和美大院附近的步道前往磁器口后街游览，避开喧嚣，游览最安静的磁器口。随后乘车至红岩魂广场，开始歌乐山轻徒步之旅，按红岩魂广场—红岩魂陈列馆—烈士墓—狼犬室—步云桥烈士诗文碑林—白公馆—松林坡—气象台—梅园—渣滓洞—蒋家院子秘密囚室的顺序徒步参观景点。

晚餐：自理，游客可选择返回洪崖洞用餐。

夜晚：乘船返回，船上观赏重庆美轮美奂的两江夜景。途中停靠洪崖洞，上岸体验重庆的吊脚楼文化，感受每一层出来都是马路的重庆魔幻感，品尝重庆各式小吃。然后前往新华路体验长江索道，从空中俯瞰山城夜景，感受最浪漫的重庆。欣赏完后散团，可自行前往解放碑游览。

4. 航运探秘主题研学旅行一日游

（1）设计思路

该条线路主要针对本地及外省学生市场和家庭市场进行设计，以航运研学为主题，辅之以科技馆、欢乐谷之旅，以"开眼界、长知识"为设计核心，力求让孩子家长感到这条线路"安全""定有大收获"，同时又符合学生活泼天性的特点。

适宜客户群体：本市及外省中小学生；家庭。

该条线路可在纯学生的研学营和以家庭为目标市场的亲子游学营之间自由切换，可分别命名为快乐航运夏令营及快乐航运亲子游学营。

（2）产品特色

①特色研学主题活动。在专业老师的带领下，在船上与其他同学一起开展游学活动；了解航运的发展历程和知识；体验驾驶乐趣，了解长江航道的变化。

②科技知识大发现。走进重庆科技馆，生活科技、儿童科技、交通科技、宇航科技、工业之光、防灾科技、国防科技、基础科学八大展厅让你集中感受科技魅力。

③趣味欢乐谷乐园探秘。畅览国内首家真正意义上的“山地版”欢乐谷主题公园，深度体验六大主题区的不同特色，各种游乐项目应有尽有，快乐嗨不停。

④欢乐亲子游学体验。大手牵小手亲子游，让小朋友和父母一起学习一起玩；无压力的学习方式，轻轻松松增进亲子感情并拓宽知识视野。

（3）产品线路与活动内容

①产品线路流程。朝天门—科技馆—江上学堂（航运知识探秘）—欢乐谷—朝天门。

②具体行程安排。

上午：朝天门上船，致欢迎词，江北嘴靠岸，游览和体验全国中小学生研学实践教育基地、《奔跑吧兄弟》取景地、重庆大型科普教育活动场馆、重庆科技馆，体验时间约两个半小时。

中午：返回船上，用餐。江上学堂开课。

江上学堂：在船上了解重庆交运集团从1938年创建轮渡以来的发展历程；了解重庆城市水上公共客运交通的演变过程；了解船舶安全知识，并体验小小船长的驾驶乐趣；了解船舶的运行原理及船员配置情况；观看及体验非物质文化遗产“川江号子”的文化精髓；了解长江航道及母亲河的水质变化等。

下午:悦来停靠,快乐游玩具有重庆3D魔幻效果的欢乐谷,在"重庆之眼"上俯瞰山城美景,体验一层一层分布的游乐设施。"天地双雄"立在山顶,"木质过山车"绕着小丘驰骋,"大摆锤"在湖边荡上天去,"飞翼过山车"在脚边掠过……还可以欣赏精彩的园区演艺以及充满重庆地域文化特色的滚灯、评书等。

18:30返船,船上晚餐后返回朝天门,途中可观赏重庆美轮美奂的两江夜景。

四、开发以游轮为载体的长江三峡度假休闲旅游产品

将长江三峡的各种旅游资源、水景吸引物、旅游设施、游轮及游轮设施设备、游轮服务、港口码头等联系起来,组合形成多种游轮旅游线路,并与游客的期望相吻合,与游客的消费水平相适应,形成一系列长江三峡游轮旅游产品。

长江三峡游轮旅游产品的开发,重点在于开发以游轮观光休闲、度假休闲为主导的长江三峡游轮旅游的主体产品。在产品开发设计上向纵深发展,除原有的全程游线路产品外,还应突破传统,开发设计如分段游、短线游、库区某地一日或数日游、游轮休闲度假游、库区周末度假游、库区游轮自助游、库区自驾车游、游艇休闲观光游、游艇特种体验游等,以及旅游时间可间断性的线路产品,形成多层次的游轮旅游产品体系。

长江三峡游轮旅游产品的开发设计,还应挖掘游轮旅游产品内涵,加强长江三峡游轮旅游全过程(序曲、发展、高潮、尾声)的体验经历和情景故事设计,挖掘三峡文化内涵,将这些非物质类资源载体化,并结合自然山水,融入游轮旅游,给游客留下想象空间,形成长江三峡游轮旅游的特色。这也是长江三峡游轮旅游的核心竞争力所在,最终形成以游轮观光休闲、度假休闲为主,集游轮休闲度假、商务会议、文化交流、修学探讨、运动探险、水上娱乐于一体的多层次、多样化的长江三峡游轮旅游产品体系。

1. 高峡平湖游轮度假休闲游

(1)设计思路

以高峡平湖壮美的百里峡湖景观和众多的人文旅游资源为背景,开发游轮度假休闲旅游。该产品选用大型豪华游轮(干线)和小型豪华游艇(支线腹地和主要景点)组合;以全程或分段游览的模式;以水上休闲生活为主题;以丰富的甲板活动和船上休闲娱乐活动并结合岸上观光游览为内容;以奉节草塘湖、巫山神女湖、枇杷湖、双龙湖和大昌湖等水域为停留点,带游客体验三峡诗词文化、巴渝民俗风情、民间艺术文化、巫巴文化、神女文化,观赏猴群自然保护区,体验原生态的自然文化。整个休闲活动内容丰富多彩,可满足国际游客和小部分国内高端游客休闲度假需求。

适合对象:国内外中、高端休闲度假游客。

(2)产品主题与特色

主题:游轮浪漫水上生活。

特色:游轮游艇,水岸结合。乘游轮欣赏草塘湖、神女湖等三峡美景之余,全程浪漫休闲,真正体验“瞿塘天下壮,巫山云雨情”的游轮休闲度假水上生活。

(3)产品线路流程

重庆—万州—草塘湖(白帝城)—神女湖—枇杷湖(枇杷洲)—双龙湖(双龙镇)—大昌湖(大昌古镇)—神女溪(神女峰)—奉节—万州—重庆。

去程游轮,回程万州至重庆高铁。

全程时间:3 天。

(4)产品活动内容

全程游轮水上住宿,游艇水上娱乐、上岸参观游览、游轮阳光甲板日光浴、甲板垂钓、游轮音乐会、川江号子表演、三峡文化知识讲座、美食文化欣赏、舞会、酒吧、游轮影院、阅览室、棋牌、电子游戏等。

2. 长江三峡三国文化体验游

(1)设计思路

长江三峡地区拥有众多三国文化遗址遗迹和文物,三国文化也是长江三峡地区最主要的文化之一,寻访三国遗踪历来受旅游者喜爱。本产品选用大型豪华游轮,以分段游览的模式,以云阳张飞庙、奉节白帝城为停留点,主要依托白帝城和宝塔坪,并结合夔州诗词文化节、"烽烟三国"演艺活动展开三国文化体验旅游。

(2)产品主题与特色

主题:寻访三国故地,领略蜀汉遗风。

特色:水陆结合,船岸结合,全程游轮水上住宿,赏三峡美景的同时,寻三国遗踪,览胜怀古,获历史文化教益。

(3)产品线路流程

重庆—万州—云阳张飞庙—奉节宝塔坪—白帝城(草塘湖)—夔门瞿塘峡—万州—重庆。

重庆—万州高铁往返,奉节宝塔坪—白帝城旅游巴士往返。

全程时间:3 ~4 天。

(4)产品活动内容

游三国故地、听三国故事、看川剧表演、赏"烽烟三国"演艺、放孔明灯;诗词论坛、竹枝词吟诵大赛、古典诗词音乐会、诗词游戏、灯谜、书法大赛、旅游商品大赛、商务会展、游轮娱乐及甲板活动等。

3. 游轮三峡库区全境休闲度假游

(1)设计思路

本产品突破传统的长江三峡"一线游"模式的局限,开发长江三峡游轮库区全境休闲度假旅游产品。本产品以游轮为载体,以水陆结合,三峡主线,腹地延伸的"峡区+库区""慢游+漫游"模式,深入库区腹地;以库区全境自然山水观光、历史文化和民俗风情体验为主要内容,结合丰富的甲板活动的休闲度假游,主要针对国内外休闲度假游客，尤其是闲暇时间充裕且经济收入较高的中老年游客群体，将三峡库区自然山水与历史文化展现给游客，满足游客的休闲度假需求。同时，在游轮软硬件方面强调标准化的服务，给游客以温馨舒适的体验。

(2)产品主题与特色

主题：三峡全景、深入腹地、漫游库区。

特色：全程游轮三峡主线，水陆结合，腹地延伸，库区漫游；赏三峡全景，领略库区最精华的自然山水风光和地方历史文化，了解三峡工程，感受移民精神，体验民俗文化，享受慢游乐趣，获得不一样的全新感受。

(3)产品线路流程

主城区—丰都(鬼城、雪玉洞)—忠县(石宝寨、隍华城)—万州(大瀑布、万州湾)—云阳(张飞庙、龙缸)—奉节(白帝城、九盘河、旱夔门)—瞿塘峡—巫山(小三峡、大昌古镇、庙峡)—巫峡(神女峰、神女溪)—西陵峡(三峡人家)—三峡大坝—宜昌。

全程时间：9 天。

(4)产品活动内容

揽高峡平湖胜景，赏腹地自然山水，访古镇民居三峡人家，探秘龙缸九盘河，体验库区民风民俗，观“归来三峡”演艺、白帝城吟诗怀古、神女峰浪漫风情等。

4. 游轮周末休闲游

(1)设计思路

以长江三峡高峡平湖、壮美的百里峡湖景观和众多的人文旅游资源为背景，开发游轮周末休闲旅游。通过高档豪华游轮+高铁的形式进行，以云阳、奉节、巫山和大坝等为停留点，以观赏长江三峡高峡平湖、甲板活动和江鲜美食为主要内容，满足周末休闲游客需求。

(2)产品主题与特色

主题：江上清风、游轮周末。

特色：游轮+高铁的快旅慢游，轻舟万重山、闻两岸猿啼、品江鲜美食，轻松愉悦度周末。

(3)产品线路流程

重庆—万州—云阳—奉节—巫山—大坝—宜昌—重庆。

重庆—万州高铁，大坝—宜昌旅游巴士，宜昌—重庆动车。

(4)产品活动内容

全程游轮水上住宿，上岸参观游览、游轮甲板活动、甲板垂钓、川江号子表演、三峡文化知识讲座、江鲜美食、舞会、酒吧、游轮影院、阅览室、棋牌、电子游戏等。

第五节　智慧旅游交通平台系统

智慧旅游交通平台系统由“愉客行”智慧平台和智慧交通旅游融合平台构成。智慧旅游交通系统的建设，以“愉客行”为核心，丰富完善智慧交旅融合平台。可以依托交通运输行业龙头骨干企业重庆交运集团旗下已有的“愉客行”智慧平台，实施大数据挖掘，开展精准交通旅游服务；同时打通交通大数据和旅游信息大数据，建立智慧交通旅游平台；提升“愉客行”旅游交通导航功能、线路定制功能、旅游要素融合功能。

一、丰富和拓展“愉客行”智慧服务平台

通过整合、拓展方式，丰富交运集团旗下众多涉旅智慧服务平台，做大做强“愉客行”智慧服务。

1. 整合平台资源

整合交通运输企业的各网络服务平台。以“愉客行”平台为主体，将现有分散在交运集团旗下公运公司的“渝快行”、渝运公司(龙头寺旅游集散中心)的

“爱游 73”、运业公司(菜园坝)的“爱上途乐行”等涉旅平台整合到“愉客行”智慧服务平台上,将网页、移动端应用、微信小程序等平台进行统一整合管理,强化“愉客行”平台旅游服务功能,形成统一的旅游交通智慧服务系统,避免资源浪费。整合后的“愉客行”智慧旅游交通平台,由旅游交通指挥系统、交通管理系统、营运车辆管理系统、交通票务系统、旅游定制服务系统、自驾游出行服务系统六大板块构成,如图 5-3 所示。

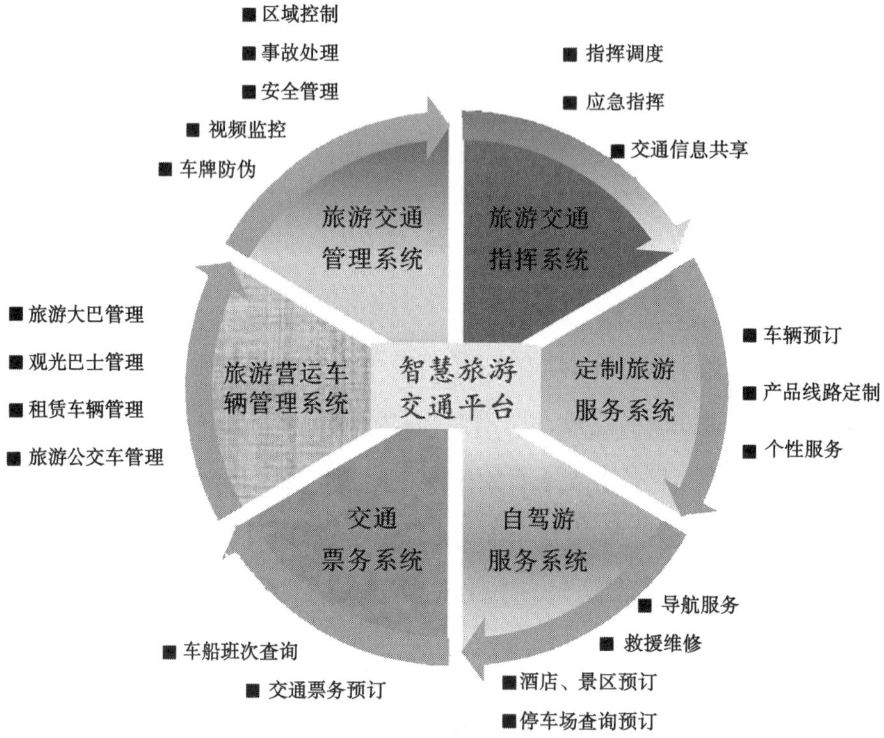

图 5-3　智慧旅游交通平台

2. 拓展“愉客行”旅游服务功能

现有“愉客行”平台是依托交通票务平台而建的,为旅客和游客的交通出行提供了极大便利,但在旅游服务功能上还有较大的提升空间。因此,需要增加为自驾游服务的导航服务、定位服务、路径选择服务;增加各涉旅企业依托平台进行的在线商务洽谈服务功能(B2B),打通旅游行业各个要素节点,打造商业谈判平台；增加旅游者的 BBS 交流功能（C2C），增加对入驻企业的旅游产品评价功能和退出功能。

3. 丰富“愉客行”货架旅游产品

现有的“愉客行”平台在旅游产品形态上，比较侧重交通票务、定制交通、网约交通、交通+景区（点）组合服务等，还需要加强和吸引更多的旅行社、景区、旅游购物品、文娱企业、旅游住宿业企业入驻，增加游客的组合选择便利性。利用交运集团的旅行社企业（旅游集散中心）开发自有特色产品线路，如研学旅游线路、避暑旅游专线、康养专线、山城历史文化探秘线路，丰富其货架旅游产品。

二、打通“愉客行”交通大数据和旅游大数据

交通大数据的车辆信息、智慧交通管理、旅客信息和旅游大数据的游客规模、需求、出行规律和旅游偏好的有效整合，将有利于旅游客流管理和旅游交通服务、旅游接待服务的改进等。

1. 大数据互联互通

推动“愉客行”平台与移动旅游大数据进行互联互通。此类互通互联需要重庆交运集团和重庆旅投集团两大国企之间进行深度合作，通过控股或参股方式组建交通旅游智慧服务平台，为涉旅企业、政府和游客提供交通与旅游的综合性服务。

2. 加强交通与旅游智慧服务云平台建设

整合组建的交通与旅游融合智慧服务云平台，需要加强云计算开发、云数据存储、挖掘和运用推广，进一步拓展车辆、购物、酒店、景区等物联网建设，形成交通旅游云一张网。

三、拓展和丰富智慧交通服务功能

智慧交通服务在空间上包含智慧场站建设、智慧车辆建设、智慧交通管理

三大服务模块。

1. 强化智慧场站建设

智慧场站是智慧交通的神经中枢和大脑，其建设内容包含场站智能监视系统、客流和车辆引导系统、场站应急管理系统、车辆调度系统、智慧安检系统、智能检票系统、智能结算系统、智能投诉管理系统等。

2. 做亮智慧车辆建设

智慧车辆是智慧交通的四肢，是流动的交通血脉。智慧交通车辆包含新购或租赁技术成熟的智能交通工具，满足部分游客出行追求新奇的需求。改造交运集团旗下部分旅游巴士，增加其智能化水平，如车载免费 WiFi、车辆定位功能、车辆导航功能、车辆路径选择功能、车辆报警功能、自动泊车功能等。

3. 提升智慧交通管理

投入旅游接待运输服务的旅游车辆、游客自驾车辆需要与公安交通管理系统、市运管局线路审批系统实现互联互通，为旅游车辆实施精准旅游交通服务保驾护航，包含智能化旅游线路申报、审批；交通投诉和及时处理；车辆应急救援管理；交通肇事追溯；旅游交通车辆安全报警等服务功能。

第六节　交通运输与旅游融合创新商业模式

以价值链为突破，创新交通与旅游融合商业模式。交通与旅游融合创新商业模式由交通与旅游融合的运作模式、投资模式、经营模式、盈利模式等共同形成。

商业模式的核心是如何盈利，它涉及主体构架、经营构思、盈利设计以及必需的投融资策略等一系列的内容。商业模式的另一个特点是核心竞争力的不可复制性和特殊环节的机密性。因此要弄清一个商业模式是不容易的，或者商业模式本身是不可照抄照搬的。

一、创新交通与旅游融合发展的运作模式

根据重庆市交通运输业和旅游业发展的现状特征和实际发展水平，重庆交通与旅游融合发展宜采用“市级统筹、平台统一、经营统合、区县统建”的运作模式。

1. 市级统筹

“筹”重在全局考虑、长远考虑，重在平衡，重在将交通与旅游融合发展放在市级各部门关注的层面，重在发展思想和政策的统一。因此，由市委、市政府统筹全域旅游的交通与旅游融合发展，设立交通与旅游融合推进议事机构，建立交通与旅游融合发展的联络机制和协调机制，协调交通与旅游融合发展中的重大项目安排，是非常必要的。

2. 平台统一

在市级统筹下，由交通运输行业的龙头骨干企业整合相关国有资源，建立一体化平台——“重庆交通运输与旅游投资集团”，统一方案，编排项目。一体化平台是市级统筹的执行机构，负责整体方案和重大难项目、专项资金统筹使用、智慧旅游平台建设、市级及片区重点旅游点线的营销宣传、综合集散中心的建设等，负责围绕旅游消费的统一执法和定期组织经营联席会议协调经营矛盾。一体化平台原则上不涉及营利性经济，绝不涉及完全可交由市场完成的营利性经营活动。

3. 经营统合

交通是旅游的生命线。重庆交通与旅游融合发展的一体化平台，必须对接各专业性的经营实体，让游客在交通、网络等方面能享受基础设施的公益性。一体化平台是一条主线，是一张网，要网罗各旅游区、旅游集散点，要为游客服务，也要为经营者服务。各经营主体统合在平等的竞争环境中，专业化深度发展，为游客提供“最大价值”，实现整体最大的经济效益。

4. 区县统建

各区县地方政府，统筹区内的各项建设和经营活动，充分利用一体化平台的智慧网络和区际畅达的旅游交通功能等相关便利；关注各类旅游开发性建设，尤其是市与区县级的重大项目，统筹区县级政策与专项资金支持重点项目；协调相关项目的报批、经营问题；就地解决旅游者现场的相关问题，给旅游者最可靠可信的保障。

二、创新交通与旅游融合发展的投资模式

创新交通与旅游融合发展的投资模式包括 BT 模式、BOT 模式、TOT 模式、PPT 模式、众筹模式及共享模式六种。

1. BT 模式建设非经营性公共基础项目

BT 模式，即建设—移交模式。项目管理公司总承包后垫资进行建设，建设验收完毕再移交给政府部门。也就是垫资为政府建造暂时无力上马的基础设施项目，然后再让政府分期还款，从而获得合理利润。相关旅游道路、场站（交通旅游综合体）、游客集散中心等公共基础设施，可采取此模式。

2. BOT 模式建设经营性公益项目

BOT 模式，即建造—运营—移交方式。这种方式最大的特点就是将基础设施的经营权有期限地抵押以获得项目融资，或者说是基础设施国有项目民营化。BOT 投资模式优点：一是解决政府大规模的基础设施建设资金不足的问题；二是在不影响政府对该项目所有权的前提下，分散投资风险；三是有利于引进企业先进技术及管理方法，加快工程的建设，提高项目的运营效率。但是 BOT 投资模式在特许期内，政府失去了对项目所有权、经营权的控制。旅游集散中心、场站（交通旅游综合体）等可经营收益性投资，可采用此模式。

3. TOT 模式盘活困境项目

TOT 模式，即转让—经营—转让模式，是一种通过出售现有资产以获得增量资金进行新建项目融资的一种新型融资方式。在这种模式下，首先私营企业

用私人资本或资金购买某项资产的全部或部分产权或经营权；然后，购买者对项目进行开发和建设，在约定的时间内通过对项目经营收回全部投资并取得合理的回报，特许期结束后，将所得到的产权或经营权无偿移交给原所有人。对于交通与旅游融合发展中重要的交通旅游经营设施，原经营者面临投资困难时可采取此模式。

4. PPP 模式推进紧急重大项目

PPP 模式，即公私合营模式，主要应用于基础设施等公共项目。首先，政府针对具体项目特许新建一家项目公司，并对其提供扶持措施；然后，项目公司负责进行项目的融资和建设，融资来源包括项目资本金和贷款。项目建成后，由政府特许企业进行项目的开发和运营，而贷款人除了可以获得项目经营的直接收益外，还可获得通过政府扶持所转化的效益。交通与旅游融合发展中，政府财政无力投入的旅游交通基础建设可采取此模式。

5. 众筹模式带动小投资者发展旅游文创项目

众筹模式，即大众筹资或群众筹资，由发起人、跟投人、平台构成，具有低门槛、多样性、依靠大众力量、注重创意的特征，是指一种向群众募资，以支持发起的个人或组织的行为。众筹模式可用于创意性较强的项目，同时带动小型投资者发展，如交通与旅游融合的文创类项目可采取此模式。

6. 共享模式整合闲置资源发展合作项目

共享是共享经济的核心理念，强调物品的使用权而非所有权。这种模式将闲置资源通过社会化平台与他人共享，进而获得收入的经济现象，是对社会闲散资源进行合理利用的尝试。重庆交通与旅游融合发展中，各规模相当的企业可进行共享合作，优势互补。

三、创新交通与旅游融合发展的经营模式

经营是投资者价值的实现过程，经营模式是价值链实现的重要环节之一。重庆交通与旅游融合发展经营模式包括分工合理的交通旅游产品经营体系；灵

活多元的交通旅游产品经营方式;特色化专业化的交通旅游产品设计等。

1. 建立研发—批发—零售垂直分工的交通旅游产品经营体系

交通运输业各企业介入旅游业发展,要实现特色化和专业化经营,在游客招徕、组织和接待上必须建立研发—批发—零售相结合的垂直分工体系。整合系统各类资源,设立交通旅游产品研发中心,负责交通运输行业系统旅行社、住宿、购物等特色旅游产品研发设计。建立行业交通旅游批发中心,负责交通旅游产品的推广、销售、信息反馈。在交通运输业系统内,依托庞大的交通运输站点及深入乡镇的票务销售末梢点,设立统分结合的旅游产品零售点,全力分销自有系统产品,如图 5-3 所示。

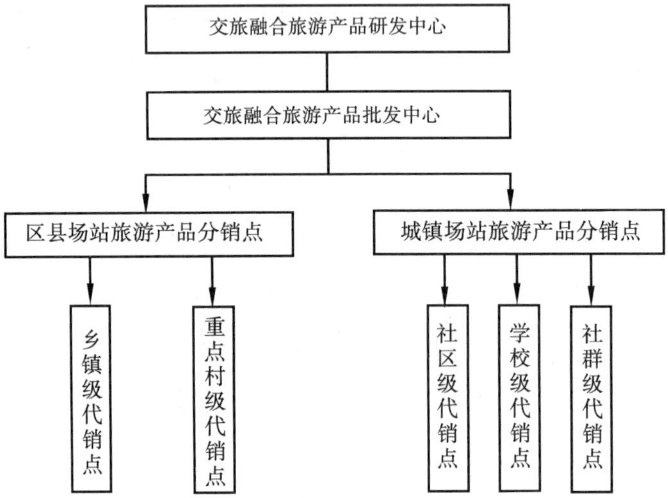

图 5-3　交通与旅游融合旅游产品经营体系

2. 灵活多元的旅游产品经营方式

交通运输业各企业介入旅游业发展,由于自身局限性,存在着对旅游市场把握欠缺、经营方式较为死板的不足。基于旅游市场竞争变化和旅游行业经营的特殊性,交通运输业各企业可以采取自营、托管、特许、连锁、加盟等相互结合的形式推进旅游产品经营。交通运输业各企业、旅行社可以采取自营—特许模式,交通旅游购物品销售可以采取连锁加盟形式;特色住宿产品经营可以采取专业托管形式，由品牌住宿企业进行托管经营，提高服务管理水平。

3.特色化、专业化旅游产品设计

作为新进入旅游业的交通运输业，需要采取特色化和专业化产品策略。如在旅游线路设计上，要结合自身线路优势，以小众、分众市场为切入点，专线、直通车、网约车、包车等形式，开辟网红景点、研学旅游线路产品；以传统热门景点、度假区为依托，大众市场为重点，开辟直通车、包车产品；以交通场站资源为重点，进行交通旅游综合体提升设计。

四、创新交通与旅游融合发展的盈利模式

交通与旅游融合发展的盈利模式，重点在于旅游收入点设计和旅游盈利方式设计。

1.交通与旅游融合发展的旅游收入点设计

盈利模式设计前提是基于交通运输业资源优势进行的收入点设计，多元收入是盈利的基本保障。交通与旅游融合发展的旅游收入点包括：

①基础消费类收入，如交通票务收入、场站餐饮收入、住宿收入、门面及汽车租赁收入、泊车收入、旅游接待咨询收入等。

②提升消费类收入，包括旅游购物品销售收入、文化休闲消费收入、商务会展收入、场站及线路广告等新业态经营收入。

③信息服务类收入，如智慧票务系统、智慧景区系统、智慧交通系统等收入。

④延伸拓展类收入，即交通运输行业拓展经营范围，向景区景点业、旅游地产、旅游营销策划、旅游咨询服务等进行延伸获得的收入。

2.交通与旅游融合发展的旅游盈利方式设计

旅游盈利方式较多，其基本类型有以下几种：

①组合式盈利，即将交通运输与旅游产品进行组合包装，组合定价，使包价低于分零组合价，拉动上下游旅游产品集群化销售。

②赠送式盈利，即交通运输企业通过将某一项旅游产品进行低于成本价或赠送方式给予游客，吸引游客消费其他旅游产品，通过其他旅游产品的大量销售来弥补赠送产品的损失。

③联盟式盈利，即交通运输企业与非自有的景区景点企业、特色商品生产企业、旅行社和住宿业结成联盟，通过互惠互利方式，实现共赢发展。

④线上线下相结合盈利，即交通运输企业利用现有的"愉客行"智慧旅游平台，进行旅游产品线上展示、预订和支付，游客线下进行体验、购物相结合方式。

第七节　交通运输与旅游融合营销系统

交通运输与旅游融合营销系统由营销主题、营销模式和营销渠道三个方面构成。交旅融合营销主题需要结合交通运输业的流动性、规模性和旅游业的升级更新较快的特点进行设计；营销模式需要结合现有交通运输业的存量特征和旅游业的快速变化特性进行营销方式的综合考虑；营销渠道是将交旅融合产品如何快速准确送到旅游者手中，实现产品价值的过程。

一、明确交旅融合营销主题

交通运输业与旅游业的合作时间较久远，只不过早期的合作形式仅为租赁车辆+提供客源合作方式，双方缺乏深入合作，基本上是一次性买卖。交通运输业所提供的车辆基本上是比较好的高档巴士，车上提供的服务均由旅游业派遣。交旅融合中期阶段，受利益驱使，部分交通运输业企业利用自己线路和车辆优势举办交通旅行社，自己负责招徕、接待和安排游客出游服务，但受制于对旅游业的不熟悉，在旅游产品和线路创新、旅游服务意识上的短板使其在旅游业竞争力不足，处于较为弱势地位。进入交旅融合新时期，交通运输业深度介入旅游业必须有清晰明确的营销主题，以期在竞争日渐激烈的旅游市场分得一杯羹。交旅融合营销主题具体包括明确的营销目标和清晰的营销口号。

1. 明确的营销目标

营销目标是企业在一定时期通过一定的营销战略和实施方案所要达到的愿景。交旅融合营销目标需要有清晰的总目标和阶段性目标。其目标基本如下：

(1)总目标

充分利用自有的线路优势、场站优势、集团规模优势，精准把握旅游市场需求，加强与旅游景区、地方政府深度合作，在继续维持原有的旅游包车基础上，创新"旅游直通车、穿梭巴士、公交旅游班线、环线巴士"等交旅融合新产品，提升旅游服务意识，完善旅游硬件设施，以"交运伴随你出游"为口号，形成特色鲜明、竞争力优势明显的交旅融合示范区。

(2)阶段目标

按初期打基础、留印象，中期强服务、增亮点，远期做特色、创品牌。初期，结合旅游市场需求，以问题为导向，切实发现和分析交旅企业在转型中存在的问题，并给出及时、有针对性的调整。在此基础上，营销重点是：发挥线路优势和车辆优势，通过景区直通车和旅游快巴，以点对点服务方式切入散客、团队(老年、学生)旅游细分市场，在区域内形成"便捷、灵活"的交旅企业形象。中期，依托对车辆的旅游化改造，增强线上营销服务能力建设，改进旅游服务质量，加强交通工具流动广告建设，形成"流动的旅行线"亮点。远期，需要围绕特色交旅融合旅游线路建设，形成具有地域优势的自有产品，继续维持旅游服务意识提升，加强线上线下相结合、旅游业和交通运输业之间的深度融合，形成区域旅游服务品牌。

2. 清晰的营销口号

清晰的营销口号可以方便游客的快速选择，同时也有利于企业形象推广。结合交通运输业行业特征，同时考虑可识别性、可记忆性特征，其营销口号可设计为：

快乐出游、乐呵假期——交运旅游欢迎您！该口号强调旅途段的快乐，旅游地的放松和悠闲，彰显了交运企业的服务水平和旅游给游客带来的轻松感。

交运旅游,让旅途更精彩。该口号突出乘坐旅游汽车的舒适性、方便性和服务的多样性、个性化特征。

点对点,面对面,轻松出行就在交运旅游。点对点,一方面突出交旅融合服务的特色化,上门接送游客,这是其他旅游企业做不到的;另一方面凸显将游客从客源地直接送到旅游目的地,中途没有耽搁,让游客有充分的时间欣赏美景的优势。面对面,突出小团体的精准服务。

轻松一"点",交运旅游。充分利用"愉客行"网络线上咨询、定制、预订、支付和投诉平台的便利性,灵活的点对点接送服务,直通车服务,门票+餐饮+住宿组合打包的价格优势,数量庞大的场站优势,无论是自驾客还是散客,均能轻松搞定出游的一切事务。

二、创新交通旅游营销模式

营销模式是能够彰显行业或企业特色、能较好地实现既定的营销目标的路径或方案设计。好的营销模式能快速实现行业或企业营销目标,提升行业或企业影响力。交通运输业存在时间较为悠久,在发展过程中,必然会累积较多的顽疾,传统的固定编班、等客上门、按时发车、送客到站服务模式比较适合散客出行,但不适合旅游出行需求,因此,其服务营销模式也必须做出调整。创新交通旅游营销模式包括线上线下相结合模式、点线动静结合模式、整合联盟营销模式、批发+分销结合模式、全员营销模式。

1.线上线下相结合模式

利用"愉客行"网络平台及其 App,构建虚拟的"旅游超市"。超市中利用AR、VR及人工智能技术,陈列并展示区域乃至全国、全球旅游产品体系,结合游客需要,让其自行进行各类旅游产品的任意组合,并及时进行价格呈现、服务跟进等。在线下旅游服务平台上,利用广布各乡镇旅游场站、集散点进行旅游超市改造,营造舒适、温馨的服务环境并提供规范的现场旅游咨询预订、旅游产品陈列和预体验。

2. 点线动静结合模式

利用交通运输业场站多、分布广，交通工具类型多、数量多，线路资源多、深入乡村等优势，在各交通场站点进行立体式营销轰炸，通过广告牌、场站内旅游活动发布会、旅游选秀、快闪等新形式开展。在各运行线路上，进行交通工具内外的旅游广告设计、企业 Logo 推广，形成流动的动态营销线。

3. 整合联盟营销模式

传统的交通运输业在切入旅游时，在营销上各自为政，缺乏整合发展理念，往往在与旅游景区、住宿业谈判中处于劣势，无法获得较多的价格优势。因此，需要整合组成旅游集散联盟，实现"客源互送、资源共享、线路共用、成本共担"的目标。在此基础上，吸纳旅游景点、旅游住宿业、旅游餐饮业进入，构建利益共同体，共同针对游客需求，进行低成本、高质量、深体验的旅游线路开发设计。

4. 批发+分销结合模式

传统交通运输业门类多、产权关系复杂、服务意识较弱，不能适应现代旅游业发展的需要。尤其是在营销方式上，虽然实现了联网售票和预订支付，但离旅游服务标准化建设还有较大差距。因此，需要整合区域内各交通运输业企业，建立统一的旅游批发旗舰中心，该中心负责区域旅游线路开发设计、定价和营销推广，旅游场站改造提升方案设计等，不能进行直接招徕和接待游客。利用分散在各区县的交通场站进行旅游化改造，形成线下的旅游分销中心，负责销售旅游批发旗舰中心的线路产品，并及时反馈游客的意见。通过此设计形成区域旅游线路的批发—零售合理分工格局，有效避免各旅游集散门店耗费大量时间进行旅游线路同质化开发，而忽视旅游接待服务质量改进。

5. 全员营销模式

交通运输业全体员工要树立人人都是旅游营销员理念，设立交旅融合营销策划部，专门负责全市交旅融合营销发展战略制订、不同阶段和时期的营销方案制订，其他部门需要积极配合，分工合作，共同推进营销目标的全面实现。同时，交运企业其他各部门也需要具备良好的营销服务意识，尤其是一线基层员工(驾驶人员、集散中心接待人员),他们是流动的营销员和信息员。

三、采取多元交通旅游营销手段

营销手段是实现营销目标而采取的各种方法和渠道的总称。在中国特色社会主义新时代,在旅游市场供大于求的新背景下,创新和采取多元化营销手段是快速树立交旅融合品牌的重要法宝。交通旅游营销手段主要包括事件营销、网络营销和联合营销三种手段。

1. 事件营销

把握新闻规律,发掘具有新闻价值的事件,并通过具体的操作,让新闻事件得以传播,从而达到广告的效果。

(1)常规事件营销

交通与旅游融合发展创新过程中新产品、新事物层出不穷,为事件营销提供了丰富的素材。根据交通与旅游融合发展创新产品建设的重要性和影响力找准事件营销时间节点,推出不同事件主题。可以采纳的事件有征集思路创意、开工奠基、开业庆典、文艺娱乐、展览等。

常规事件营销是一种无须向媒体支付广告酬金的营销方式,事件真实、具有新闻价值,可以吸引媒体的关注和报道。和媒体保持必要的联系,在事件推进过程中邀请媒体参加即可。

营销思路:双凤桥文创景区建设事件营销,从收集公众文创构思进行预热、创意方案胜出名单公布、投资实施到投入使用整个过程均能成为事件营销的素材;开工奠基仪式事件营销;汽车旅馆的开工建设、汽车营地建设等开工建设及落成完工事件;物流基地建成后可不定期举办各种展会。除常规本地特色商品的展示和售卖之外,可邀请工厂及产地进行现场直销,还可不定期邀请外地展商短期进场展销商品。

(2)创新事件营销

主动策划事件,通过有计划、有组织的安排使公众参与事件、关注事件,使事件成为热议话题进而广泛传播，提升美誉度。为吸引公众注意可以采纳的方法很多，企业可酌情采纳，既要实现知名度，更要提升美誉度。创新事件营销要有诚意和一定的持续性，不能昙花一现。交旅融合涉及范围较广，可在重点、关键部分实施创新事件营销，以事件为支点起到“四两拨千斤”的作用。

营销思路：场站文创如双凤桥文创景区建设可通过写手推广、网红直播等事件营销打造网红景点；自驾营地可不定期举办娱乐活动，有条件的情况下邀请具有一定知名度的名人到场，借势营销；其他还有诸如举办比赛、观赏赛事、演出、电影拍摄等。

2. 网络营销

网络营销是以现代营销理论为基础，借助网络、通信和数字媒体技术实现营销目标的商务活动，也是目前旅游营销最重要的渠道之一。网络营销主要包括以下几种形式：

(1)网站营销

网站是主要的线上营销渠道，网站分为展示型和营销型。要积极依托现有“愉客行”智慧平台和馨程旅游网站，强化内涵建设，提升其“重庆交通旅游”门户网站的形象，着力构建交通旅游产品展示、用户体验、在线预订、在线支付和售后服务等多维一体的网站营销功能；同时加强四公里旅游集散中心、龙头寺旅游集散中心、渝西旅游集散中心等重点旅游集散综合体的宣传。

(2)淘宝营销

积极开展“重庆交通旅游”在淘宝网上注册网店，在线开展学途巴士、研学、酒店、旅游线路、机票、租车等产品和票务预订。

(3)微博营销

微博是时下受关注的社交媒体之一。在微博上开设“重庆交通旅游账号”，发布交通旅游实时产品更新，通过新产品发布互动、抽奖等活动来吸引粉丝，扩大影响力。

(4)微信公众号营销

微信以其传播面广、速度快著称。交通运输业企业可以设立自己的微信号，把微信号告诉游客朋友，以最方便的方式与游客进行沟通交流。

（5）社交媒体营销

积极在国内有名的各大论坛、社交门户网站上注册账号，发布帖子，吸引潜在客户等，积极组织“交通旅游产品”用户体验征文、刊载等活动。

（6）SEM 推广营销

SEM 也就是在各大搜索引擎上的付费广告，通过加大“重庆交通旅游”付费广告推广，挖掘市场潜在客户。

3. 联合营销

联合营销，一般有跨界联合与区域联合，可以强强联合也可以优势互补。多个企业在对外营销上联合起来，统一行径，以产生旅游冲击效应，提高营销效果。联合营销主要有以下三种形式：

（1）联合景区营销

交通运输业企业可与旅游景区达成合作协议，联合推广，进而获取景区门票优惠。如与重庆旅游景区和度假区联合营销，开展促销活动，促销期间，游客购买客运与景区联合推出的优惠套票要有一定吸引力。通过联合营销使交通运输业企业成为景区的客源组织者及旅游产品供应商。

（2）跨区域同业联合营销

交通运输业企业可与周边省市交通运输业企业联合，以旅游集散中心为代表与周边省市旅游集散中心跨地区合作，可联合市场开发、产品推广、信息共享，形成联盟共同推广。

（3）联合顾客营销

交通运输业企业与潜在客户的联合，以本地大型企业及事业单位为潜在客户群体，采取走访、座谈、交流、合作等方式保持和潜在顾客的联系。在顾客有相应需求时第一时间联系上交通运输行业企业。比如，可以与其他企业一起搞团队建设、文体比赛、各种群众文艺演出、晚会等。

第六章

6

重庆交通运输与旅游融合发展保障

第一节　交通运输与旅游融合发展推进

一、推进时间节点及任务

融合需要时间，交通与旅游融合发展必须经过一个从开始的叠加组合到整合、磨合，最终相互渗透、融合的发展过程，这个过程要根据交通与旅游两大产业发展状况，视交通与旅游两大产业相互渗透、相互依赖、相互协调、相互作用、相互促进的情况而定，一般需要三至五年的时间才能完成。根据重庆交通与旅游两大产业发展现状及交通与旅游融合发展基础，计划用三年时间分三个阶段推进建设，完成交通与旅游融合发展。交通与旅游融合发展建设工作应严格按照计划分期实施，逐步推进，保证其顺利完成。

1.2020 年——起步，打基础

以开通都市旅游主题观光巴士、重点景区主题旅游专线或旅游直通车，开发都市近郊乡村旅游公交巴士线路，开发水陆联动休闲观光线为启动点，打通旅游交通"经络"，实现城区与景区之间、景区与景区之间的旅游交通无缝对接和有效串联，通过旅游人流的流动与聚集，形成交通旅游的初步产品，为交旅融合发展打好基础。

2.2021 年——突破，稳推进

找准交旅融合的融合点，以旅游交通集散体系建设为突破，选择 3 ~ 5 个重要节点场站和节点码头，配套完善的旅游咨询、旅游接待、旅游宣传展示、旅游信息发布、旅游产品展览展销等功能，打造交旅融合示范点，带动旅游巴士形象升级、旅游交通服务创新、交旅融合创新产品开发，稳步推进交旅融合发展。

3.2022 年——提升，见成效

以"愉客行"平台建设为核心，引导交通旅游信息化、智慧化、规范化、标准化、精细化、特色化发展；持续推进重庆旅游集散平台、都市两江游水陆联运平台、“愉客行”智慧信息三大平台建设，延伸旅游交通产业链、创新交通旅游产品、塑造交通旅游品牌，形成交通与旅游融合联动发展基本架构，基本建成全国交通运输与旅游融合示范点。

二、建设项目推进计划

<table>
<tr><th colspan="2" rowspan="2">项目类别</th><th rowspan="2">项目名称</th><th rowspan="2">责任部门</th><th rowspan="2">计划投资/万元</th><th colspan="3">完成内容及时间安排</th></tr>
<tr><th>2020 年</th><th>2021 年</th><th>2022 年</th></tr>
<tr><td rowspan="4">交通与旅游融合的旅游交通基础设施</td><td rowspan="4">旅游交通集散体系</td><td>重庆旅游集散总中心（总站）</td><td>交运集团
文化和旅游委员会</td><td>200</td><td>依龙头寺旅游集散中心建设</td><td>成品牌</td><td>起作用</td></tr>
<tr><td>主城旅游集散体系建设</td><td>渝运集团
运业公司</td><td>1 000</td><td>启动</td><td>主城 8 家集散中心提升转型全部建成</td><td>成品牌</td></tr>
<tr><td>重点区县旅游集散体系建设</td><td>长运集团
万运集团
渝运集团</td><td>3 000</td><td>准备</td><td>启动</td><td>重点抓永川、黔江、万州、石柱、武隆、秀山、巫山</td></tr>
<tr><td>全市旅游集散体系组织及管理制度建立（含旅游集散联盟建立与运行）</td><td>交运集团</td><td>—</td><td>启动</td><td>建成</td><td>优化</td></tr>
</table>

续表

项目类别		项目名称	责任部门	计划投资/万元	完成内容及时间安排		
					2020 年	2021 年	2022 年
交通与旅游融合的旅游交通基础设施	旅游交通集散体系	两江游旅游集散体系建设	客轮公司	8 000	弹子石水上集散中心建设 江北嘴旅游码头	磁器口、化龙桥、洪崖洞旅游码头 菜园坝储奇门旅游码头	悦来、马桑溪、广阳岛等旅游码头
		乌江沿线旅游码头改扩建	旅投集团及码头归属企业	3 000	龚滩、彭水电站旅游码头改扩建	万木、万足旅游码头改扩建	清泉、阿依河旅游码头改扩建
		长江沿线旅游码头建设	重庆客轮公司及地方码头归属企业	8 000	万州旅游码头提升 奉节旅游码头提升 巫山旅游码头提升	景区旅游码头建设	沿江区县旅游码头改扩建
	旅游线路体系	四季主题乡村公交班线	渝运长运万运公司	100	线路开发和设计	线路推广	线路品牌
		国家风景道专线或穿梭线	万运和渝运	300	线路开发和设计	线路推广	线路品牌
		重点景区、度假区直通车特需线	渝运	150	线路开发和设计	线路推广	线路品牌
		都市旅游定制线	渝运与公运	50	线路开发和设计	线路推广	线路品牌
		空-陆或空-陆-水联线	客轮公司、渝运、长运等	150	线路开发和设计	线路推广	线路品牌

续表

项目类别		项目名称	责任部门	计划投资/万元	完成内容及时间安排		
					2020 年	2021 年	2022 年
旅游客运服务体系	交旅融合示范点建设	龙头寺示范点 散客为主型	渝运集团 龙头寺旅游集散中心	1 000	休闲娱乐设施 公厕和标识系统	拓展停车场	集散中心大厅整改
		四公里示范点 主客共享型	运业公司 四公里旅游集散中心	5 000	自驾车停车场 标识系统改善	特色酒店、休闲娱乐设施建设	集散大厅整改
		双凤桥示范点 文化创意型	运业公司 双凤桥旅游集散中心	2 000	交通历史博物馆 标识系统	文创商场 休闲娱乐设施	集散大厅整改
		弹子石示范点 水上旅游集散	轮船公司 客轮公司	1 500	岸上集散中心 停车场建设 趸船 2 个 电动扶梯	航运（轮渡）历史文化展示馆	
	旅游巴士形象工程	统一车型	交运客运企业	500	双层巴士（城区观光）	加长型（景区交通）	标准型（郊县景区直通车）
		统一车身	交运客运企业	300	企业标识车身	线路景观车身	地域文化车身
		统一车内设施	交运客运企业	500	完善基本设施	免费 WiFi，车载 USB 接口等	智慧化车内设施
		统一司乘服装	交运客运企业	200	统一着装		
		统一服务标准	交运客运企业	100	制订重庆旅游巴士设施与服务规范	服务标准培训及技能竞赛	服务规范化和个性化

续表

项目类别		项目名称	责任部门	计划投资/万元	完成内容及时间安排		
					2020 年	2021 年	2022 年
旅游客运服务体系	旅游交通服务创新	打通景区最后“一公里”	交运企业 景区企业 地方政府	300	5A 景区	旅游度假区 4A 景区	主城周边景区
		做好旅游集散场站	交运企业站务公司	500（不含住宿设施）	人性化设施改善，含标识、厕所等	补齐特色住宿、休闲、泊车等功能	旅游集散场站品牌建设
		创新旅游交通线路	交运企业	150（不含住宿设施建设）	主题线路设计开发	交通沿线露营地驿站建设	交通沿线公共设施建设
交通与旅游融合创新产品体系	“交通+”创新产品开发	交通+景区	客运公司 景区企业 地方政府	6 000	完成项目论证、选址、规划设计	8 个 5A 级景区所在区、县场站至景区直通车，首批 3 个 5A 级景区自驾旅居车营地建设	部分 4A 级景区所在区、县场站至景区直通车，第二批 5 个 5A 级景区自驾旅居车营地建设
		交通+住宿（驿站或汽车旅馆）	客运公司	5 000	完成项目论证、选址、规划设计并启动前期工作	完成首批 10 个示范性驿站和 3 个示范性汽车旅馆建设	完成第二批 20 个驿站及第二批 5 个汽车旅馆建设
		交通+购物	物流公司 站务公司 快递公司	4 000	完成项目规划设计并启动建设	建成龙头寺、四公里和保税港 3 家购物示范中心	推广“捷易购”交运购物品牌

续表

项目类别		项目名称	责任部门	计划投资/万元	完成内容及时间安排		
					2020 年	2021 年	2022 年
交旅融合创新产品体系	『交通+』创新产品开发	交通+车载服务	客运公司	1 000	自驾游租赁车辆、旅游车等车载信息服务工程	完成旅游车辆智能化改造	持续推进完善细节
		交通+旅行社	交运旅行社	100	完成旅行社初建或重组并开设门店	开发新线路	形成交运旅游线路品牌
		交通+场站文创	场站公司	1000	场站文创空间建设	文创企业引进	后续管理服务推进
	综合性交通场站基地	双凤桥文创主题公园	双凤桥站务中心	500	完成项目论证、选址、规划设计	汽车博物馆	
		龙头寺散客之家	龙头寺旅游集散中心	300	逐步完善集散中心旅游功能	加大宣传，与成都、贵阳达成初步合作	产品超市成规模
		四公里汽车旅馆	四公里站务中心	500	完成项目论证、选址、规划设计	完成建设	完善周边景观
		万州高铁北站综合交通场站基地建设	长运公司	2 000	完成项目论证、选址、规划设计	完成建设	完善周边景观
		黔江北综合交通场站基地建设	渝运公司	2 000	完成项目论证、选址、规划设计	完成建设	完善周边景观

续表

项目类别	项目名称	责任部门	计划投资/万元	完成内容及时间安排		
				2020 年	2021 年	2022 年
智慧交通建设	“愉客行”平台建设	“愉客行”网络公司	5 000	丰富平台产品	开通“愉客行”旅游企业商务服务	“愉客行”游客服务功能拓展
	交旅融合大数据云平台建设	移动公司 交运集团	5 000	启动组建	数据建设	运用推广
	智慧交通建设	“愉客行”公司 站务中心 运管局	5 000	智慧场站建设	智慧车辆建设	智慧交通管理
交旅融合商业模式创新	交旅融合运作模式	旅游行政管理部门 交通运输管理部门 交通运输企业 交通运输协会		方案设计及论证	组织架构及运行机制建立	运作规范性修正
	交旅融合投资模式	交运企业		模式论证	模式试点	模式推广
	交旅融合经营模式	交运企业		模式论证	模式试点	模式推广
	交旅融合盈利模式	交运企业		模式论证	模式试点	模式推广
交旅融合营销推广	事件营销	交运企业营销部	50	怀旧事件策划 汽车文化事件	交运汽车旅馆事件策划	交运旅游形象大使事件促销
	联合营销	交运企业营销部 各景区企业	50	与重庆涉旅单位、知名网络平台联合营销	与川黔景区、企业结成旅游运输联盟	与长三角、珠三角、环渤海主要客源地形成联合
	网络营销	交运企业营销部 “愉客行”网络平台	100	“愉客行”智慧平台全方位提升	网络事件营销策划	“愉客行”智慧旅游品牌形成
合　计		73 600				

第二节　交通运输与旅游融合发展保障体系

一、加强交旅融合组织领导

交旅融合是一个新生事物，需要建立三级组织体系来推进。其中包含政府部门级协调议事机构、行业协会级专门委员会、企业级旅游发展部。

1. 设立交旅融合发展协调机构

统筹交旅融合发展在建设用地、推进政策、组织协调上的事务。该协调机构由重庆市道路运输管理局牵头，重庆市文化和旅游发展委员会（简称“重庆市文旅委”、重庆市港航管理局（简称“重庆市港航局”）、重庆市公安交通管理局、交运企业参与，定期就交旅融合的关键性问题进行磋商协调，形成建设性意见并上呈分管领导定夺。

2. 设立交旅融合发展专门委员会

在交通运输协会下设立交旅融合发展专门委员会，统筹协调运输业企业下属交通旅行社、酒店、景区业务、旅游交通救援、维修等部门的涉旅活动，制订交旅融合发展战略规划、交旅融合各类服务规范、交旅融合集散场站建设标准等，并及时将交旅融合发展问题传递给政府部门。

3. 设立交旅融合发展部

各运输企业需将各分公司下属涉旅部门进行整合，形成统一的交旅融合发展部或旅游部，直接由总公司进行直接领导和考核，各运输企业与旅游部建立权责利明晰的产权关系。

二、强化交旅融合规划引领

作为新生事物，交旅融合需要规划引领，其中涉及如下规划需要重庆市文旅委与市交通运输委员会、其他涉旅部门合力完成。

1. 启动编制《重庆市交通运输业与旅游业融合发展规划》

该规划是全市交旅融合的战略指导，需要在深入调研分析全市交旅融合现状、存在障碍的基础上，结合国家六部委促进交旅融合发展若干意见精神，明确全市交旅融合发展目标、重点任务和保障支撑体系。

2. 出台《重庆市交通运输业与旅游业融合发展三年实施方案》

《重庆市交通运输业与旅游业融合发展三年实施方案》需要明确三年行动目标、重点建设任务和年度重点项目建设安排、实施推进的保障措施。

3. 编制交旅融合的各类专项规划

启动编制交旅融合的各类专项规划，如《全市高速公路拓展旅游功能布局规划》《全市高速公路旅游风景道规划》《全市自驾车（房车）营地布局规划》等。

三、加大交旅融合政策扶持

在重庆市交通委员会与重庆市文旅委制订的交旅融合发展若干意见指导下，加快制订交旅融合具体行动计划，出台交旅融合用地支持、资金引导、财税补贴等。

1. 出台交旅融合用地支持政策

出台交旅融合用地支持政策，尤其是在推进主城两江游发展时，关键旅游码头用地、水上旅游集散中心用地予以优先和重点支持；主城及重点景区所在城镇的交通枢纽场站的旅游配套设施用地给予优先保障；重要旅游交通沿线的露营地、汽车营地用地给予重点支持。

2. 编制交旅融合资金扶持政策

重庆市交通运输管理部门和重庆市文旅委应各自切块专项经费支持交旅融合发展项目，明确资金扶持标准和考核验收标准。

3. 制订交旅融合推进计划

重庆市交通运输管理部门、重庆市文旅委、重庆市公安交通管理局等部门应明确各自在交旅融合中的职责并制订出切实可行的推进行动计划，形成快捷、安全、有序、多元、特色的交旅融合发展局面。

4. 制订交旅融合财税扶持政策

对新的交旅融合业态给予财政扶持和税收减免政策。

四、夯实旅游交通基础设施

重庆市交通委员会和重庆市文旅委制订重庆市旅游公路建设方案和建设标准，推进旅游道路畅通工程、最后一公里工程、旅游集散枢纽工程、旅游码头工程。

1. 编制旅游交通建设规划

重庆市交通委员会和重庆市文旅委应紧密配合，就交通运输业发展和旅游业发展相互融合，在全市道路交通规划基础上，结合全市旅游发展规划，编制全市旅游交通建设规划，明确旅游交通体系网络、等级网络、建设标准、进度计划等。

2. 启动旅游交通四个重点工程建设

启动旅游交通四个重点工程建设重点就交旅融合发展在基础设施上的短板进行应急建设，实施旅游道路畅通工程，就城镇集散中心到重点景区、重点景区与景区之间进行推进。实施"最后一公里"工程，重点对城镇到景区大门入口道路的通达性、美观性进行建设。实施主城及区域旅游集散枢纽建设工程，重点加强其旅游功能的完善和提升。实施都市两江游、乌江画廊和长江三峡沿线旅游码头建设工程，快速实现水陆转换的无缝连接。

3. 加强高速公路沿线旅游配套设施建设

高速公路沿线旅游配套设施建设重点集中在通达重要景区的高速公路沿线服务区的地方旅游商品展示中心建设、地方特色餐饮店建设、汽车旅馆或驿站建设、旅游厕所提档升级建设;高速公路通达景区下道口的自驾车综合型服务营地建设;高速公路沿线的旅游标识系统规范性建设。

五、加强交旅融合人才建设

行业及行业企业需要加强交旅融合人才培养和引进,提高旅游服务经营管理意识和水平。主要通过以下三方面进行人才培养和引进:

1. 制订交旅融合人才培养计划

结合交旅融合发展进程和规划,开展交旅融合人才培养计划。首先,明确各级各类人才培养目标和数量;其次,应融入市教委、文旅委、劳动和社会保障局关于推进旅游人才建设的实施方案,争取定向培养指标;最后,依托重庆各高校和中职院校进行人才订单式培养或引进优秀旅游类毕业生。

2. 加强人才培训和引进

传统交通运输业在服务上存在不适应旅游业发展的需要,需要在现有员工的基础上,对基层员工进行旅游服务技能培训和考核,采取培训合格上岗制度。加大交旅融合高层次管理人才、营销策划人才、旅游线路开发设计的引进。

3. 制订规范的人才激励和约束制度

通过股权制、期权制、年薪制、奖励提成、职业成长计划等方式对各级各类交旅融合人才实施激励。通过严格规范的上岗制度、服务标准、考核标准来约束人才队伍。

六、创新交旅融合资金筹措渠道

交旅融合不是简单的交通运输业进入旅游业板块,它涉及观念转变、基础设施改进、配套服务跟进和新技术的运用等,这些都需要资金来保障。

1. 用好政府财政资金

政府财政资金大多用于支持民生工程和国家基础工程,但也有一部分用于扶持新兴产业发展和传统产业转型。交旅融合在政府财政预算资金中可以充分利用两部分资金：一部分是道路交通发展规划基础设施建筑专项资金，在使用此部分资金的时候，需要结合旅游功能需要，增设较多的自驾车泊车和配套服务设施，或预留较多的建设用地指标；二是积极争取地方政府的旅游发展专项资金，在旅游公路、旅游码头建设上，旅游专项资金中有专门支持，交通运输业需要与旅游行政管理部门配合，进行景区公路建设的时候，考虑旅游直通车泊车、自驾车营地建设资金支持。

2. 采用互联网众筹方式

交旅融合在旅游线路开发、特色主题汽车旅馆建设的时候，可以进行充分翔实的前期论证和可行性分析，在遵从国家相关法律法规基础上，利用互联网众筹平台，发布招股说明书或认筹说明书，通过承诺按股分红、会员制优惠等方式，吸引社会零散资金投入专项线路开发或特色住宿设施建造。

3. 股份制改造或股份上市方式

交通运输业企业可以利用自己的线路专营权、场站、车辆资源所有权进行入股，与旅游景区企业、旅游住宿企业或旅行社企业进行合作，构建交旅融合联合企业。这样既可以降低各自运营成本，又可以进行优势互补。在条件具备的时候，交旅融合股份制企业可以进行上市融资，使资源来源范围更宽、治理结构更为合理。

4. 争取政策性银行信贷资金

2017 年 3 月，六部委联合印发《促进交通运输业与旅游业融合发展若干意见》（以下简称《意见》），《意见》中提到在“十三五”期间，国家开发银行将提供不低于 2 000 亿元的交旅融合优惠贷款，期限 30 年，利息原则上不高于同期银行利率。

参考文献

[1] 陆大道. 区位论及区域研究方法[M]. 北京:科学出版社,1988.

[2] KAUL R N. Dynamics of Tourism: A Ttrilogy Transportation and Marketing [M]. New Delhi:Sterling Publishers,1985.

[3] 邱宜动. 我国旅游交通面临的挑战、机遇与对策[J]. 企业经济,1995(2):15-17.

[4] 孙有望,李云清. 论旅游交通与交通旅游[J]. 上海铁道大学学报,1999,20(10):65-69.

[5] 杨瑞霞. 交通与旅游发展的关系分析[J]. 商业经济,2004(5):127-129.

[6] 岳燕祥. 交通发展与旅游产业布局的互动关系研究[D]. 北京:北京交通大学,2011.

[7] 来逢波,任建兰. 区域交通系统的发展演进对区域旅游产业的影响与优化研究[J]. 山东师范大学学报(人文社会科学版),2012,57(2):79-85.

[8] BECKEN S, SIMMONS D G, FRAMPTON C. Energy Use Associated with Different Travel Choices[J]. Tourism Management, 2003,24(3):267-277.

[9] PALHARES G L. The Role of Transport in Tourism Development: Nodal Functions and Management Practices[J]. International Journal of Tourism Research, 2003, 5(5):403-407.

[10] 万德梅. 试论武汉市城市旅游功能[J]. 华中科技大学学报(社会科学版),1997(3):110-113.

[11] 陈晓,李悦铮. 城市交通与旅游协调发展定量评价:以大连市为例[J]. 旅游学刊,2008,23(2):60-64.

[12] 宋鄂平. 交通发展与恩施旅游产业发展的相关性实证分析研究[J]. 湖

北民族学院学报(自然科学版),2010,28(4):478-480.

[13] 周晓琴,明庆忠,李美婷. 山区中小城市交通驱动旅游发展及其关联性[J]. 经济地理,2017,37(7):216-224.

[14] 李一曼,修春亮,孔翔. 浙江陆路交通对区域旅游空间结构及发展的影响研究[J]. 地理科学,2018,38(12):2066-2073.

[15] WALTER G H. How accessibility shapes land-use [J]. Journal of American Institute of planners,1959,25(2):73-76.

[16] DALVI M Q, MARTIN K M. The measurement of accessibility: some preliminary results[J]. Transportation,1976,5(1):17-42.

[17] 胡浩,王姣娥,金凤君. 基于可达性的中小文化旅游城市旅游潜力分析[J]. 地理科学进展,2012,31(6):808-816.

[18] 毕丽芳,马耀峰. 交通通达性与省域旅游经济的耦合协调度分析:以云南省为例[J]. 西安财经学院学报,2013,26(1):124-128.

[19] 陈刚,黄翔,刘大均,等. 湖北省旅游交通可达性及旅游经济联系空间分析[J]. 旅游论坛,2012,5(6):62-66.

[20] 赵金金. 基于交通可达性的山东省旅游经济空间格局研究[J]. 资源开发与市场,2016,32(10):1263-1268.

[21] 杨春华,吴晋峰,周芳如. 中国旅游城市交通通达性对比研究[J]. 四川师范大学学报(社会科学版),2016,43(4):67-73.

[22] 向谦楠,陈义华. 轨道交通可达性与区域经济发展的相关研究[J]. 铁道运输与经济,2010,32(11):69-72.

[23] 王旭科. 交通运输对旅游流的作用机制研究[J]. 物流技术,2010,29(13):67-69.

[24] 陈刚. 湖北省交通可达性与旅游经济联系空间关系分析[D]. 武汉:华中师范大学,2013.

[25] KHADAROO J, SEETANAH B. The role of transport infrastructure in international tourism development: A gravity model approach[J]. Tourism

Management, 2008,29(5):831-840.

[26] SMALLWOOD C B, BECKLEY L E, MOORE S A. An analysis of visitor movement patterns using travel networks in a large marine park, north-Australia[J]. Tourism Management, 2012,33(3):517-528.

[27] 李文正. 交通建设对促进陕南旅游业发展的实证研究[J]. 西北大学学报:自然科学版,2012,42(1):109-114.

[28] 卞显红. 城市旅游核心-边缘空间结构协同发展形成机制研究:基于上海城市轨道交通建设视角[J]. 商业经济与管理,2012(10):88-96.

[29] 李如友,黄常州. 中国交通基础设施对区域旅游发展的影响研究:基于门槛回归模型的证据[J]. 旅游科学,2015,29(2):1-13,27.

[30] 张广海,赵金金. 我国交通基础设施对区域旅游经济发展影响的空间计量研究[J]. 经济管理,2015,37(7):116-126.

[31] 侯志强. 交通基础设施对区域旅游经济增长效应的实证分析:基于中国省域面板数据的空间计量模型[J]. 宏观经济研究,2018(6):118-132.

[32] HERATY M J. Tourism transport-implications for developing countries[J]. Tourism Management,10(4):288-292.

[33] TURTON B J, MUTAMBIRWA C C. Air transport services and the expansion of international tourism in Zimbabwe[J]. Tourism Management,1996, 17(6):453-462.

[34] SAMBRACOS E. An economic quantitative analysis[J]. Transportation and tourism,2001,23(5):43-54

[35] DANIEL A, XAVIER F. High speed rail and tourism: Empirical evidence from Spain[J]. Transportation Research Part A,2016(85):174-185.

[36] Hong Tsui,Kan Wai. Does a low-cost carrier lead the domestic tourism demand and growth of New Zealand[J]. Tourism Management, 2017(60): 390-403.

[37] 王兆峰. 旅游交通对旅游产业发展影响的实证分析:以张家界为例[J].

财经理论与实践,2009,30(160):112-116.

[38] PAPATHEODOROU A. Tourism, transport geography and industrial economics: A synthesis in the context of Mediterranean islands[J]. Anatolia, 2001, 12 (1) :23-34.

[39] 殷平. 旅游交通成本对旅游目的地空间竞争的影响研究[J]. 地域研究与开发,2012,31(6):87-91.

[40] 杨仲元,卢松. 交通发展对区域旅游空间结构的影响研究:以皖南旅游区为例[J]. 地理科学,2013,33(7):806-814.

[41] 黄泰,席建超,葛全胜. 高铁对长三角区域旅游一体化影响计量研究[J]. 长江流域资源与环境,2017,26(9):1311-1322.

[42] GRONAU W. Encouraging behavioural change towards sustainable tourism: a German approach to free public transport for tourists[J]. Journal of Sustainable Tourism, 2016, 25(2):1-11.

[43] KO J, KIM E, JEONG D W, et al. Aesthetic Approach to green transportation planning in tourism with design factors[J]. Journal of Fundamental and Applied Sciences, 2017, 9 (7S) :1-14.

[44] 余华刚,赵海娟,陈傲. 交通静化技术在步行和自行车交通系统规划中的应用:以咸宁市旅游区为例[J]. 城市交通,2012,10(5):55-61.

[45] 邵源,范颖玲,江捷,等. 基于出行链与情绪感受的出行幸福感研究[J]. 城市交通,2019,17(4):1-7.

[46] 余菲菲,胡文海,荣慧芳. 中小城市旅游经济与交通耦合协调发展研究:以池州市为例[J]. 地理科学, 2015,35(9):1116-1122.

[47] 吕倩,鲍涵,张旭. 旅游经济与交通系统耦合协调演化研究:以中国31个省区为例[J]. 上海经济, 2019(1):14-25.

[48] 刘安乐,杨承玥,鲁芬,等. 滇中城市群交通网络与旅游业耦合发展研究[J]. 世界地理研究, 2017,26(1):65-76.

[49] 罗景峰. 基于可变模糊耦合方法的旅游交通安全评价[J]. 数学的实

践与认识，2016,46(11):99-104.

[50] 马勇,李丽霞,任洁. 神农架林区旅游经济—交通状况—生态环境协调发展研究[J]. 经济地理,2017,37(10):215-220,227.

[51] 白洋,艾麦提江·阿布都哈力克,等. 丝绸之路经济带核心区交通与旅游业协调发展的实证分析[J]. 统计与决策,2017(16):141-144.

[52] 彭志敏,吴群琪. 中国交通运输业与旅游业融合态势的区域差异及空间格局演变[J]. 技术经济，2017,36(12):63-71.

[53] 戢晓峰,谢世坤. 基于 SEM 的云南省 URTT 复合系统耦合协调机制研究[J]. 经济地理,2019,39(06):46-57.

[54] 吴寒,刘东晋. 我国交通运输与旅游业发展的耦合协调程度研究[J]. 统计与决策,2019,35(17):143-146.

[55] 厉新建,张凌云,崔莉. 全域旅游:建设世界一流旅游目的地的理念创新:以北京为例[J]. 人文地理,2013,28(3):130-134.

[56] 李小建. 经济地理学[M]. 北京:高等教育出版社,2012:204-240.

[57] 杜学. 旅游交通概论[M]. 北京:旅游教育出版社,1996:20-80.

[58] 关宏志,任军,刘兰辉. 旅游交通规划的基础框架[J]. 北京规划建设,2001(6):32-35.

[59] 张辉. 旅游经济论[M]. 北京:旅游教育出版社,2002:93-120.

[60] 林森. 中国旅游价格[M]. 北京:中国物价出版社,2002:147-153.

[61] 卞显红,王苏洁. 交通系统在旅游目的地发展中的作用探析[J]. 安徽大学学报,2003(6):132-138.

[62] 刘安乐,杨承玥,鲁芬,等. 滇中城市群交通网络与旅游业耦合发展研究[J]. 世界地理研究，2017,26(1):65-76.

[63] 刘安乐,王成,杨承玥,等. 边疆山区旅游城市的交通与旅游发展耦合关系:以丽江市为实证案例[J]. 经济地理,2018,38(1):196-20.